Matías de Bocanegra

Comedia de san Francisco de Borja

Barcelona **2024**
Linkgua-ediciones.com

Créditos

Título original: Comedia de san Francisco de Borja.

© 2024, Red ediciones S.L.

e-mail: info@linkgua.com

Diseño de cubierta: Michel Mallard.

ISBN tapa dura: 978-84-1126-611-6.
ISBN rústica: 978-84-96290-48-8.
ISBN ebook: 978-84-9897-145-3.

Sumario

Brevísima presentación

La vida

Matías de Bocanegra. (1612-1668). México.

Jesuita, fue autor de una Canción alegórica al desengaño, que se hizo muy popular y fue glosada por varios poetas. Sus escritos en prosa revelan el nivel de la cultura científica de algunos escritores hispanoamericanos de fines del siglo XVII.

La trama

La emperatriz Isabel de Portugal murió en 1539 y su cadáver fue llevado a Granada, según deseo del emperador Carlos V. El cadáver de la bellísima emperatriz fue escoltado por nobles y militares y, al llegar a la entrada de Granada el 16 de mayo de 1539, su ataúd fue abierto para verificar su contenido. Al ver el estado en que estaban los restos de Isabel, Francisco de Borja dijo: «Ya no serviré más a señor que se pueda morir». Y entró en la Compañía de Jesús.

El Papa Clemente XI lo canonizó en 1671 como san Francisco de Borja.

Loa

Si engrifado gigante al cielo aspira,
señor excelentísimo, del monte
crestón volado; si su alteza mira
humilde el valle, bajo el horizonte,
más que tierra en su cumbre, cielo admira   5
su penacho sin riesgos de Faetonte,
arriscado hasta el cielo, donde sube
globo a globo con él, y nube a nube.

Celebra el valle en verdes primaveras
merecer tal pizarra, que autorice   10
con su altura lo humilde de sus veras.
Pide a Flora que adornos le matice,
en cambio de su plata, a las riberas,
que abierto grifo su cristal enrice,
mostrando con fineza nada parca   15
tanto aplauso al gozar tanto monarca.

El prado le agradece a su fortuna
hacerle de tan gran monte vasallo,
que apuntalando la triforme Luna
jamás le niega la ocasión mirallo,   20
donde todas las flores una a una
puedan en su grandeza contemplallo,
pues aunque humildes, por mostrarse ella
su príncipe se azora a las estrellas.

La sangre que heredó vuestra excelencia,   25
los títulos que goza, los rëales
blasones de su ínclita ascendencia;
los méritos heroicos personales,
se subieron a tanta preeminencia

que en navas de este reino occidentales   30
tan alto monte México le mira,
que solo de alcanzarle a ver se admira.

Con príncipe tan grande el reino ufano
júbilos brota, vístese de flores,
blasona dichas, canta soberano   35
su virrey, en sus sacros esplendores
tan divino le aclama, como humano,
porque de su nobleza los candores
parecieron subir a esta grandeza
para mostrar al valle tal cabeza.   40

Entre tan justas, pues, aclamaciones,
entre aplausos, que calla mi Talía,
por no hacer escarmientos sus borrones,
sacrifica, señor, la Compañía,
juntando en uno muchos corazones,   45
ofrenda sacra en aras de alegría
a vuecelencia. Allí la musa explica
lo que ofrece, y a quién lo sacrifica.

Al más grande por duque, al de Escalona;
por marqués al primero, al de Villena;   50
por estirpe al más claro, al que encadena
de muchas en su sangre una corona;
al afable, al magnánimo, al que abona
cortos obsequios que su agrado llena;
al prudente en gobierno, en cuya estrena   55
aun los que espera México blasona,
como a quien debe de finezas tanto,
da un marqués, un virrey, un duque santo,
un grande en Borja, humilde Compañía;

que en aplausos de quien su amparo fía   60
a tal hijo el festejo es justo mande,
de un marqués, un virrey, un duque, y grande.

Personajes

Belisa, que representa la Hermosura
Don Francisco de Borja, duque
Don Gaspar de Villalonio
Don Juan de Borja, su hijo
Doña Leonor de Castro
Dos bandoleros
El emperador Carlos V
El hermano Marcos
El maestro de novicios
El príncipe Filipo II
Flora, que representa la Vanidad
La compañía
La emperatriz
La Virtud
Música
Rocafort, bandolero
San Ignacio de Loyola
Sansón, lacayo
Soldados
Un paje
Un paraninfo

Jornada primera

(Ruido de caza dentro, y dicen Borja y Sansón.)

Borja   Sansón, por aquese otero
antes que más se remonte,
no se nos pierda en el monte
el girifalte gruero.

Sansón   Vuestra excelencia le asalte   5
la caza por el crestón.

Borja   Es imposible, Sansón.

Sansón   Pues piérdase el girifalte
que hay aquí muchas quebradas,

(Sale Sansón de lacayo.)

                      y no hay para qué presumas   10
que tengo en el curso plumas
si no es cuando hay cuchilladas.

(Sale Borja de caza.)

Borja   No es posible dar favor
al pájaro, aunque más corra.

Sansón   Podrá ser que le socorra   15
por allá el emperador.

Borja   Cansado estoy.

Sansón   No has de estallo

si andas los montes trazando,
iel alma siempre volando
y el cuerpo siempre a caballo!   20
Que guste un hombre cansarse
salvando montes y breñas,
hecho trasgo de las peñas,
a peligro de matarse.
Y de lo que más me río   25
en esta locura es
de ver el poco interés
que saca su desvarío.
Pues después de tanta bulla,
tanto ruido y tanto enfado,   30
queda muy hueco un barbado
de haber cogido una grulla.

Borja   Nunca, amigo, la osadía
               midas con el interés,
               pues nunca en si es o no es   35
               repara la fantasía.
               Sola la reputación
               mueve a un noble la esperanza,
               y si ésta en el hecho alcanza,
               soborna ya su ambición.   40
               Y si bien quisieres verlo,
               en la caza que emprendí
               mira, no lo que cogí,
               sí la gloria del cogerlo.
               Y ser poco no es desaire   45
               si este honor la caza encierra,
               que se esté un hombre en la tierra,
               y haga suertes en el aire.

Sansón   Sin salir pie de tu casa,

	hay en los naipes halcones	50
	que te cacen mil doblones	
	con solamente una basa.	
Borja	No; que perder no es prudencia,	
	del juego entre la inquietud,	
	con el tiempo la quietud	55
	y el dinero y la conciencia.	
Sansón	Enamora.	
Borja	No es valor	
	por sola una liviandad	
	sujetar la voluntad	
	a esclavitudes de amor.	60
Sansón	Pues, ¿para qué te casaste,	
	o, por huir tanto daño,	
	por qué no fuiste ermitaño	
	o religioso te entraste?	
Borja	Es nuestra vida, Sansón,	65
	una comedia de estado,	
	y hago el papel que me han dado	
	de su representación.	
	De casado represento	
	en la Jornada primera.	70
Sansón	Es decir, que no hay tercera	
	pues se hizo ya el casamiento.	
Borja	No sé ahora lo que resta	
	de mi vida en adelante.	
Sansón	Si de ella eres comediante,	75

te has de casar cada fiesta,
mudar trajes, ir de noche,
echar versos a un balcón,
soneto a la dilación,
daca el soto, vuelve el coche.   80
A cada guante, un conceto;
a cada caso, un billete;
y hacerme a mí el alcahuete,
porque hago el papel faceto.

Borja	No te lo dije por tanto.	85

Sansón   Pues aquesto es ser comedia.

Borja   Bien podrá, si es remedia,
ser mi comedia de un santo.

Sansón   No será muy aplaudida;
mas, si en santo has de parar,   90
para un Corpus podrás dar
la comedia de tu vida.

(Sale el emperador Carlos V, de caza y acompañamiento.)

Carlos   Por poco se escapara
la grulla, si el lebrel no la abocara.

Borja   Señor.

Carlos   ¿Qué hay, don Francisco?   95
El pájaro se va, si no me arrisco.

Borja   Que bastara, imagino,
tener su vuelo tu poder divino,

y trasladar, humano,
el pájaro del aire hasta tu mano;   100
que el poder de los reyes
aun en los aires establece leyes.

Carlos   Si bien lo consideras,
                  más fácil que hombres se gobiernan fieras.

Sansón   Si entran en conferencias   105
                  estos dos, se las pelan a sentencias.

Carlos   En diáfano elemento
                  si vive la república del viento,
                  en numerosas sumas
                  llega el hombre a cogerlas por las plumas.   110
                  Si ufano el albedrío
                  del pez trasiega el elemento frío,
                  con muy poco desvelo
                  a la red le sujetan y al anzuelo.
                  Si en selvas y eriales   115
                  la fiera esgrime corvos pedernales
                  con que peina la arena,
                  sabrá el valor traerla a la melena.
                  Si el toro belicoso
                  ensangrienta sus puntas en el coso   120
                  para lograr las eras,
                  le pone el labrador en sus manseras.
                  Si el bufador caballo,
                  rayo con piel desde el copete al callo,
                  de cólera es abismo,   125
                  emulación altiva de sí mismo,
                  el freno le sofoca
                  los ardores que escupe por la boca;
                  si el acicate su inquietud altera,

17

la rienda le reporta la carrera.   130
Todo, en fin, lo hace llano,
amigo Borja, del imperio humano
la industria o la osadía;
sola del hombre indócil fantasía,
que es tan resuelta, sabes,   135
que no se puede asir, como las aves;
tan fugitiva a veces,
que no se prende así, como los peces;
ni quieren sus costumbres carniceras
domesticar su ardor como las fieras,   140
pues tiene por desdoro
amansarse en el yugo, como el toro;
y en su loca altivez, no hay reducille,
a que como el caballo se atraílle.
Si le detienen, vuela,   145
reacio pára, si le dan espuela,
y en fin es más difícil gobernallo
que al ave, al pez, al toro y al caballo.

Sansón   Rápese, señor Borja, aquese rato,
                  y mire si halla horma del zapato.   150
                  Vive Dios, que le estancan las razones,
                  según le han aturdido a sentencias.

Borja   Tu discurrir, señor, es tan divino,
                  al fin como de ingenio peregrino,
                  y si de menos grave das renombre   155
                  al gobierno de fieras que al del hombre,
                  que es porque en él concurre, considero,
                  de todas las más fieras lo más fiero,
                  traduciendo a su ser monstruosa estampa,
                  que a todas las dibuja en sí.

18

| Sansón | Ya escampa. | 160 |

Borja
Del ave lo altanero,
del pez lo fugitivo y lo ligero,
lo bravo de la fiera,
lo arriscado del toro en la barrera,
del caballo alentado   165
lo atrevido, resuelto y desbocado,
pues si de tales cosas el abismo
las junta el hombre en un sujeto mismo,
¿qué mucho que regirle sea más grave
que no al caballo, al toro, al pez y al ave?   170

Sansón
Señor, con tu licencia
también diré mi poco de sentencia;
y a darla un dicho de mi amo media,
que dice que vivimos de comedia,
y tiene la comedia entre otras leyes   175
que hablen los lacayos con los reyes.

Carlos
Yo aquesa opinión sigo.
Di en buen hora, Sansón.

Sansón
Pues, señor, digo
que en gobierno de imperios absolutos,   180
más fácil que hombres se gobiernan brutos,
porque aunque penas mil se les recrezcan,
no supieron jamás lo que se pescan.
Si el ave es una boba
cuando el azor la roba;   185
si es un vinagre pez tan majadero
que él mismo se barrena el tragadero;
si con tener el toro arma tan cierta
se deja atar, como una mosca muerta;

19

	si para sujetallo	190
	una manta mojada es el caballo	
	del freno a la molestia,	
	y se deja ensillar como una bestia:	
	eso es porque les falta entendimiento,	
	y no saben más todos que un jumento.	195
	Pero el hombre aprehende,	
	y al más prudente rey se las entiende;	
	ni es fácil enfrenallo,	
	como al necio caballo;	
	ni hacerle aleve robo,	200
	como al pájaro bobo;	
	ni amarralle a las leyes	
	como al yugo los bueyes;	
	ni echarle a su peligro capa o velo,	
	que a pescado que entiende no hay anzuelo;	205
	y con tener los hombres tantos males,	
	no hay quien pretenda ser rey de animales;	
	y regirlos se tiene en más decoro,	
	que no al caballo, al ave, al pez y al toro.	
Carlos	Con sal y discreción has discurrido.	210
Sansón	Lo de sal ya lo sé; lo otro has suplido.	
Borja	Ya el Sol, señor, nuestro horizonte deja,	
	por enrubiar de nuevo su madeja.	
Carlos	Pues vamos, Borja amigo.	
Borja	Tu sombra soy, y tus pisadas sigo.	215

(Vanse. Sale la emperatriz y doña Leonor de Castro.)

Emperatriz	Gran consuelo me ha dado,	
	Leonor, tu estado dichoso,	
	que sin duda se acertó	
	con Borja tu matrimonio.	
Leonor	Señora, tu Majestad	220
	siempre me ha hecho notorio	
	el amor con que trataste	
	de mis progresos el logro.	
Emperatriz	Desde que de Portugal,	
	suelo tuyo venturoso,	225
	los hados te tradujeron	
	a mi servicio, de modo,	
	Leonor, te quiero y estimo;	
	mis bienes te son tan propios,	
	que pudiera vacilar	230
	el pensamiento, dudoso,	
	si eres tú la emperatriz,	
	o si yo en ti me trasformo.	
Leonor	Aunque no es paga a tal deuda,	
	de mi amor objeto solo	235
	tu Majestad desde entonces	
	ha sido.	
Emperatriz	Al fin reconozco,	
	aunque hay tantos caballeros	
	en la corte, que de todos	
	solo Borja te merece	240
	por lo noble y virtuoso.	
	Pero dejando esto a un lado,	
	Leonor, no sé qué espantosos	
	sobresaltos traigo a cuestas,	

	o entre qué funestos golfos	245
	mi vida triste fluctúa	
	llena de pavor y asombros.	
	Leonor, Leonor.	

Leonor   Mi señora.

Emperatriz
Leonor, escúchame un poco;
quizá alcanzaré en mis penas,   250
contándolas, desahogo.

Leonor
¡Válgame Dios, que aun los pechos
soberanos e imperiosos
no se escapen de tristezas!
¡Oh naturaleza, cómo   255
se conocen más tus menguas
en los más altivos tronos!

Emperatriz
Amiga, amiga, la causa
que me pone en tan pasmosos
sobresaltos es un sueño   260
(plegue al cielo que sean solos
sueños), en el de mi muerte;
eran presagios notorios,
cuantos a la fantasía
se representaron monstruos.   265
Soñaba, soñaba (¡ay, cielos!),
soñaba (¡qué temerosos
golpes me da el corazón!),
soñaba que estando Cloto
ministrando de mi vida   270
los nobles hilos de oro,
y Laquesis en la urdimbre
sutil de mis años pocos,

llegaba la fiera hermana,
la del aspecto sañoso,   275
la muda estatua de mármol,
la del aspecto sañoso,
la rigurosa medida
de tiempos largos y cortos
que en ampolleta de huesos   280
las horas registra en polvo,
y abriendo de su tijera
los dos filos rigurosos,
a cortar iba la estambre
de mi edad (lance forzoso).   285
Yo entonces la tuve el brazo
helado, diciendo: «¿Cómo,
Atropos, apresurada,
anticipas el malogro
de mi florida hermosura?   290
¿Cómo me matas a soplos
la luz que empezaba a arder?
¿Cómo ha llegado tu agosto
dentro de mi primavera
a secar su verde adorno?   295
¿Cómo deslava mi grana
la amarillez de tu rostro?
¿Cómo el cristal de los míos
empañan tus negros ojos?
¿Cómo mi serenidad   300
se anubla con tus asombros?
¿Cómo a tan dulces alientos
embargan ecos tan roncos?
Ten el brazo, ten el brazo;
basta, basta; aguarda un poco;   305
detente, severa parca».
Aquí, mezclando sollozos

con el temblor, desperté:
sueltos en sudor los poros,
confundidos los cabellos,   310
hechos dos fuentes los ojos
los dientes titubeando,
el color pálido todo,
la respiración pausada,
los suspiros temerosos,   315
las potencias medio muertas,
el entendimiento absorto.
Ni pensé que estaba viva,
ni que, estándolo, tampoco
durar mi vida pudiera,   320
pues en aquel tiempo corto
juzgué el alma entre los dientes,
y los traspillé de modo
que ni aun respirar quisiera
con recelos pavorosos   325
de no resollar el alma,
siendo mi aliento, su soplo.
Desde entonces, Leonor mía,
en este dolor me ahogo,
en estas lágrimas vivo,   330
y muero en estos sollozos.
Y aunque está Toledo en cortes
jugando cañas y toros,
todo, amiga, me fastidia;
las fiestas me dan en rostro,   335
y hoy me ha dado calentura.

Leonor   Quizás, señora, es antojo,
                  y te juro por quien eres,
                  que haces agravio notorio
                  a tu misma discreción.   340

                        Si no es más que un sueño todo,
                        no creas jamás en sueños.

Emperatriz   Ni los creo, ni los oigo;
                        pero sé que muchas veces
                        avisa el cielo piadoso   345
                        en sueños lo venidero.

Leonor   Serena tu hermoso rostro,
                        que el emperador ha vuelto
                        con los que le dan despojos:
                        el aire, en cándidas garzas,   350
                        la tierra, en ligeros corzos.

Emperatriz   Con cuidado me tenía
                        su tardanza, pues tres tornos
                        ha hecho en su zona ardiente
                        el planeta luminoso,   355
                        sin que en la corte se vea
                        de su humano Sol el rostro.

(Salen el emperador, Borja, Sansón y acompañamiento.)

Emperatriz   Sea vuestra Majestad,
                        señor, bienvenido, como
                        ha sido bien deseado,   360
                        y de mí más que de todos.

Carlos   Las gracias le doy al cielo
                        de volver a vuestros ojos,
                        cuando, aunque de breve ausencia,
                        vuestra presencia recobro.   365

Emperatriz   ¿Cómo en el monte os ha ido?

Carlos	Como soy tan belicoso,
	siempre hallo gusto en la caza,
	donde entre pinos y chopos,
	a bruto ejército embisto,	370
	o en el viento vagaroso
	de fugitivas escuadras,
	número y concierto rompo.
	Y yendo Borja conmigo,
	me divierto entre los ocios	375
	del tiempo, con su prudente
	conversación, y perdono
	las inclemencias al cielo,
	de su entendimiento absorto.

| Borja | Con besar tus reales plantas | 380 |
| | a tanto favor respondo. |

| Carlos | Levantad, Borja, y desde hoy |
| | marqués de Lombay. |

| Borja | Ignoro |
| | mérito en mí a tanta gracia. |

| Carlos | También del hábito rojo | 385 |
| | sois comendador. |

Sansón	Estate,
	que se ha picado de modo
	que te ha de hacer gran sofí
	si le replicas.

| Borja | No hay logro |
| | como servir tal monarca. | 390 |

Carlos   Vuestros méritos conozco,
                   caballerizo mayor,
                   de la emperatriz.

Emperatriz   Mi propio
                   pensamiento adivinó
                   tu Majestad.

Carlos   Aunque pocos   395
                   son vuestros años, también
                   por mi visorrey os nombro
                   en Cataluña, que fío
                   de vuestra prudencia el colmo
                   de un acertado gobierno;   400
                   allí importáis.

Borja   Y yo pongo
                   a tus plantas imperiales
                   el favor mismo que gozo.

(Levántase.)

Sansón   No te levantes barbado,
                   que si te estás otro poco   405
                   de rodillas, te hacen papa.

Leonor   No puede ser provechoso
                   estar aquí a mi señora,
                   que le ha destemplado un poco
                   la sangre, de un accidente   410
                   el incendio, y es forzoso
                   atender a su salud.

Carlos	Señora mía, ¿pues cómo
	no está ya la medicina
	haciendo experiencia y logro 415
	en curar vuestra dolencia?
	Vamos, y llámense todos
	los médicos de Toledo.
Emperatriz	Aunque con veros mejoro,
	vamos
(Aparte.)	(y permita el cielo 420
	que mis penas paren solo
	en sueños).
Carlos	Este accidente
	me lleva muy receloso.

(Vanse, y salen por una puerta Belisa y Flora por otra.)

Belisa	Corrida estoy, vive el cielo.
Flora	Vive el cielo, que me corro. 425
Belisa	Que solo Borja en la corte
	me desdeñe.
Flora	De que solo
	Borja en la corte se burle
	de mí.
Belisa	Pues yo podré poco
	o le he rendir.
Flora	Pues yo 430
	seré de valor muy corto

si no le sujeto.

Belisa   Emprendo
un fin muy dificultoso
de acabar.

Flora   Aunque en mi empresa
a un arduo fin me dispongo.   435

Belisa   Mas yo ¿no soy la Hermosura
y él hombre como los otros?
¿Yo celebrada, él galán;
yo de cera, él no de plomo;
yo engañosa, él comedido;   440
yo sutil, él ingenioso;
yo atrevida, él arriscado;
yo lisonjera, y él mozo?
Pues ánimo, beldad mía,
que he de hacer este soborno   445
a tu valor, de rendir
de fortaleza este monstruo,
de constancia aqueste muro,
de castidad este asombro,
esta roca a mis embates,   450
este hielo a mis bochornos,
este bronce a mis halagos,
este diamante a mis dolos.
Y he de secar, aunque muera,
de este cedro los pimpollos,   455
de aquesta flor los matices,
y de esta rosa el adorno.

Flora   Yo, ¿no soy la Vanidad,
que todo a mis pies lo postro?

¿No se conforman en uno   460
mi lustre y su ser lustroso,
mi altivez y su nobleza,
sus incendios y mis globos,
su aplauso y mi aclamación
su privanza y mis apoyos,   465
su dominio y mi poder,
su alabanza y mis elogios?
Pues ¿qué importa que se humille?
¿Qué importa que olvide el solio?
¿Qué importa afectar piedades?   470
¿Qué importa rendirse a todos?
Si sabré ponerle yo
en el ser más ambicioso,
en la más altiva cumbre,
en el más soberbio trono;   475
donde peligre, inconstante,
donde naufrague, dudoso,
donde se pierda, engañado,
y se desvanezca, loco.
Y todo el mundo me tenga   480
de mí misma por oprobio,
si esta fuerza no conquisto,
si este piélago no sondo,
si esta nube no derrito,
si este Sol no mato a soplos,   485
si esta santidad no venzo,
y si esta virtud no ahogo.

(Aparece en lo alto en un bofetón la Virtud.)

Virtud   Escandalosas harpías,
                       cuyos silbos venenosos
                       en fieras conspiraciones   490

se arriscan a los oprobios
de la Virtud, que soy yo,
aunque con dispendios propios,
mirad bien lo que emprendéis
contra Borja, que yo tomo 495
sus causas todas por mías,
y contra mí vuestros odios:
si es muro, yo soy su torre;
si bronce hueco, yo el plomo;
si nube, yo soy su rayo; 500
si Sol, yo soy su bochorno;
si cristal, yo soy su hielo;
si cedro, yo su pimpollo;
si pedernal, yo su fuego;
si rosa, yo su decoro. 505
Batid el muro, y las balas
os resurtirán al rostro;
herid el bronce, y veréis
si tiene el eco sonoro;
romped la nube, y al punto 510
os dará el rayo en los ojos;
soplad la luz, y saldrá
su incendio más luminoso;
quebrad el hielo en menuzos,
y os apedrearán sus copos; 515
tocad el cedro, y serán
vuestro erizo sus cogollos;
deshojad la flor, y haréis
aromas más olorosos;
enriscad el pedernal, 520
y se hará centellas todo,
que a la virtud de Borja el cielo absorto,
su lucimiento admira en vuestros odios.

(Desaparece.)

Belisa	Pues a rendirle sola yo me azoro,
	porque al cielo de verlo cause asombro. 525

Flora	Pues yo he de ser de su virtud desdoro,
	porque a mis pies se rinde el mundo todo.

(Vanse, y sale Borja, y Sansón.)

Borja	¡Que pueda un accidente
	llegar al más altivo y eminente
	trono majestuoso, 530
	oh rosa, oh lustre, oh flor, oh rostro hermoso!
	¿De qué te sirve tan lozano aliento
	si puede deshojarte solo un viento?

Sansón	Señor, ¿eso te espanta, aqueso, dices,
	no son mortales las emperatrices? 535

Borja	Sansón, yo lo confieso.

Sansón	Pues, siendo, como son, de carne y hueso,
	qué mucho si se apura,
	que estén sujetas a una calentura;
	si tienen cuatro humores, 540
	¿de qué te espantas que les den sudores?
	Si tienen sangre y flemas,
	¿quién les quita que tengan sus postemas?
	Y si les dio el Autor, cuando las hizo,
	nariz, ¿qué mucho tenga romadizo?, 545
	si tienen bazo, estómago y riñones,
	bien podrán enfermar de opilaciones.
	Si una vena se cierra,

y más, si comen tierra,
si beben, contraerán hidropesía;   550
si andan mucho, gota y pulmonía;
manquera si se pasma alguna arteria;
si los bofes se pudren, disenteria;
y Procrates lo dice regla oncena,
y de morbis acutis Avicena;   555
Galeno De cirugia, octavo texto,
Baldo de juris regulis in sexto;
dijisteis de contractuVillarrubio,
y de las noches áticas Vitrubio:
tasándose ante mí el pliego y la plana   560
el licenciado Murcia de la Llana,
de toda tasación juez ordinario,
y de los libros eterno secretario.

Borja   Suspende esas locuras.

Sansón   Hoy puedo hablar de humor y calenturas,   565
que he estudiado en la aula salmantina
de cánones mi poco, y medicina,
y aún tengo viva la reminiscencia
que era rector de escuelas vueselencia;
y a la ley de honrado médico protesto   570
no hablar de morbis sin echar un texto.

(Sale Belisa, y Flora, cada una por su puerta.)

Belisa   Solo está en la antesala
el marqués; la ocasión no ha sido mala

Flora   En la antesala he visto
a Borja solo; la ocasión conquisto.   575

Belisa   Ríndale mi porfía.

Flora	Vénzale porfiando mi osadía.
Belisa	Ya me acerco.
Flora	Ya llego.
Belisa	Venza mi llama aquí.
Flora	Venza mi fuego.
Belisa	¡Oh Borja!
Flora	¡Oh noble Borja! 580
Sansón	Pues le cogen vuecedes muy de gorja. Está de linda boya.
Borja	Señoras, ¿en qué os sirvo?
Sansón	Aquí fue Troya.
Flora	Belisa es quien llamaba. 585
Belisa	Florinda fue, señor, quien os buscaba.

(Vanse diciendo aparte cada una.)

Flora	Enojo ésta me ha dado.
Belisa	Mil enojos aquesta me ha causado que aquesta aquí viniese.
Flora	Que Belisa viniera.

Belisa	Que me viese.	590

Flora   Voy rabiosa y corrida.

Belisa   Corrida voy, celosa y ofendida.

Sansón   Señor, ¿qué dices de esto?

Borja   Que en confusión notable me hallo puesto.

(Suena música dentro.)

Música   Si de Dios el temor mi pecho guía,   595
postrada quedará mi fantasía:
Vanidad y Hermosura vencerme intentan;
pues potencias del alma, guerra, guerra,
que temo a Dios, y sé que soy de tierra.

Borja   Mas ya, ya lo he entendido,   600
que el cielo al corazón me lo ha advertido;
la hermosura conozco de la una,
de esotra la ambición y la fortuna.
La una es Vanidad, la otra, Hermosura;
Vanidad y Beldad, batalla dura   605
para vencer a un roble,
si es mozo y aplaudido, rico y noble.
Mas, potencias del alma, guerra, guerra,
que temo a Dios, y sé que soy de tierra.
El apetito nunca al pecho acierta   610
si de Dios el temor cierra la puerta,
y jamás se envanece el más bizarro
en las honras, si piensa que es de barro.
Temor a Dios me guía,

mi barro postrará mi fantasía;   615
pues, potencias del alma, guerra, guerra,
que temo a Dios, y sé que soy de tierra.

(Vase. Sale el emperador solo.)

Carlos   ¡Oh, cómo las penas hacen
                  más rigurosos efectos,
                  cuando sus golpes asestan   620
                  a más soberanos pechos!
                  Como los príncipes son
                  de adversidad más exentos,
                  más cercanos a los gustos,
                  a las lágrimas más lejos,   625
                  es fuerza que sientan más
                  cuando piensan sentir menos;
                  es fuerza que el golpe rompa
                  mayor herida en sus pechos;
                  es fuerza que más se ahoguen   630
                  de lágrimas en el piélago,
                  y que se ensangriente más
                  en ellos el dolor, siendo
                  de complexión delicados,
                  de entendimiento despiertos,   635
                  de afecciones sensitivos,
                  de naturaleza tiernos.
                  Esto en mis penas conozco,
                  esto en mis lágrimas veo
                  cuando está la emperatriz   640
                  ya, ya en los lances postreros
                  de la vida, y tiene echado
                  el fiero dogal al cuello,
                  con que la severa parca
                  ahoga su dulce aliento,   645

matando en una dos vidas,
helando en uno dos cuerpos,
sacando en una dos almas,
pasando en uno dos pechos.
¿Mas si será muerta? No,   650
que ya yo me hubiera muerto,
porque los dos somos uno,
luego los dos fallecemos.
¿De sola una calentura,
de solo un achaque? Luego   655
en mis pulsos podré ver
de los suyos el suceso.
Intercadentes me laten,
que me los pausa el recelo;
golpes me da el corazón,   660
que me le turba el tormento.
Ronca es mi respiración
porque me la oprime el miedo;
yertos los miembros están,
que me los marchita el hielo.   665
El alma siento arrancarse:
¡ay Dios!, es decir que siento
que ya se arranca la suya,
que ya, que ya; pero quedo,
que viene gente, y no es justo   670
que conozcan en mi esfuerzo,
rendirse con la violencia
de tan doloroso afecto.

(Sale doña Leonor.)

Leonor   Aquí esta el emperador,
                ¡qué callado, qué severo!   675
                o es este, hombre de mármol,

o es mucho su sufrimiento.
¡Qué triste nueva le aguarda!
Quisiera darla, y no puedo,
porque no podré con ella   680
darle también el consuelo.
Ya me voy; pero si es fuerza
que lo sepa, ya me resto.
Callaré; mas ya lo digo.
Señor; pero no me atrevo.   685

Carlos   Corazón, sentid, sentid
                     vuestras penas allá dentro;
                     ojos, represad el llanto;
                     lengua, tenedme silencio.
                     Y ahogadme todos, ahogadme,   690
                     que en reprimiros pretendo
                     daros mayor valentía,
                     con que me matéis más presto.

(Sale Borja por la otra puerta.)

Borja   Si sabrá el emperador
                     el caso, ¿pero qué es esto?   695
                     La marquesa está en la sala,
                     y el emperador atento
                     le está bebiendo el semblante
                     con un mirar circunspecto.
                     ¿Si doña Leonor lo ha dicho?   700
                     Que yo, aunque pruebo, no acierto.

Carlos   A los marqueses el alma
                     toda les estoy leyendo;
                     ellos recelan hablarme,
                     y yo llamarlos recelo.   705

¿Si murió la emperatriz?
Mas no quisiera saberlo.
¡Ay, Dios, saberlo querría,
mas faltará el sufrimiento!
El alma tengo en un hilo;   710
o, si acabaran aquestos
de despenarme, sin duda
que a más dolor me condeno.
Quisiera que me lo digan
y que se quede secreto,   715
y quisiera, al pronunciarlo,
entenderlo y no entenderlo.

Borja	Estoy por irme.
Carlos	Marqués
Borja	Señor.
Carlos	Decid.
Borja	¡Santo cielo!
Carlos	¿Cómo está la emperatriz? 720
Borja (Aparte.)	Aquí los sentidos pierdo.
Carlos	¿No me habláis?
Borja	Ya te respondo.
Carlos	Acabad.
Borja	Ya te obedezco.

Carlos	Ya os aguardo.
Borja	Ya lo digo.
Carlos	No lo digáis; ya lo entiendo; 725
	murió ya, y tenéis temor
	de no atravesarme el pecho.
Borja	Sucede como lo has dicho.

(Quédase suspenso el emperador.)

Suspenso quedó, suspenso
el Sol de los hombres, Carlos,   730
de su eclíptica en el medio,
porque el menguar de su Luna
fue eclipse a sus lucimientos.

Leonor	¡Válgame Dios, qué dolor!
Borja	¡Válgame Dios, qué tormento! 735
Leonor	¡Qué compasión!
Borja	¡Qué tragedia!
Leonor	¡Qué hielo mortal!
Borja	¡Qué hielo!
Leonor	¡Qué agonía!
Borja	¡Qué congojas!

Leonor	¡Qué ardor!
Borja	¡Qué llama!
Leonor	¡Qué fuego a un tiempo le abrasa el alma, 740 y le deja helado el cuerpo!
Borja	El cuerpo a hielos le embarga y el alma le abrasa a incendios.
Leonor	Hasta en él llorar es grave.
Borja	Aun en los llantos es serio. 745
Leonor	Aun a la pena es medido.
Borja	Aun al dolor es severo.
Carlos	Marqués.
Borja	Señor.
Leonor	Ya volvió.
Carlos	Marqués.
Borja	Señor.
Carlos	Esto es hecho. Llevó Dios lo que era suyo, 750 su voluntad obedezco. Dios la dio, Dios la quitó;

a su querer me sujeto.
Reciba su Majestad
este dolor que le ofrezco.   755
Pero Borja, por quien soy,
que me refiráis os ruego
lo que en su muerte ha pasado.

Borja   Eso es querer que de nuevo
               la herida se torne a abrir   760
               que a todos nos pasa el pecho.

Carlos   Borja, cuando un corazón
               de congojas está lleno,
               apenas consuelo admite
               sino en sus propios lamentos.   765
               Que como penas son mares,
               y el corazón nada en ellos,
               gusta que más se dilaten
               por dar campo a los tormentos
               en que nadar penetrando   770
               el golfo de sus afectos.
               El pecho arrojé a nadar;
               Borja, dilatad los senos
               al mar de mis agonías
               si no queréis que en estrecho   775
               piélago de disimulo
               me ahogue con el silencio.

Borja   Obedecerte es amarte.

Carlos   Decid, marqués.

Borja   Está atento.
               Después que las Majestades   780

tuya y suya dispusieron
que doña Leonor de Castro
y yo en uno celebremos
el matrimonio, que ya
los dos lustros va cumpliendo,   785
tuvo un sueño mi señora
que más fue aviso que sueño,
en que a su temprana muerte
disponerla quiso el cielo.
Comunicólo a Leonor;   790
Leonor la consuela; pero
iquién le puede trastornar
las persuasiones a un miedo!
Pasáronse algunos días,
mientras en Toledo vemos   795
contigo a solemnes cortes
concurrir todo tu imperio.
Y estando solemnizando
la presencia de su dueño
con fiestas y regocijos,   800
donde a máscara y torneos
dieron teatro los días,
donde las noches reflejos
tuvieron de ardientes soles,
y con fingidos diseños   805
era una mentida Troya
la verdadera Toledo,
restallando en invenciones
la pólvora, fuego, fuego,
y entre nubadas de humo,   810
centellas chispando al viento.
Quizás la tierra, presaga
de ver que intentan los cielos
quitarle a la emperatriz,

fulminaba estos incendios   815
por presentalles batalla,
tiro a tiro y trueno a trueno.
Si no es por concurrir
a la fiesta el universo,
que al alma de mi señora   820
en el empíreo le hicieron,
quiso obligarse a poner
las luminarias el suelo.
En medio, pues, de estos gustos,
de aquestas risas en medio,   825
para que se verifique
que en llanto son sus extremos,
hirió una fiebre maligna
el vapor rojo y sincero
que matizaba la nube   830
de la emperatriz; crecieron
a todo andar los bochornos
encendidos, convirtiendo
la candidez de su plata
en granas de su ardimiento.   835
No dejó la medicina
por ejecutar remedio,
mas donde Dios desahucia,
¿qué importa el saber del médico?
Conocióse su peligro,   840
recibió los sacramentos
frecuentados tanto en vida
de su religioso afecto.
Hasta aquí, señor, sabías;
a lo que no sabes vengo: 845
llegó la última hora,
llegó el combate postrero.
Llegó con la muerte a brazos,

44

y con Dios a abrazos tiernos,
dándoles tan apretados   850
a un crucifijo, que pienso
que quiso ganar luchando
a brazo partido el cielo,
y no cesar de la brega
con su mismo Dios diciendo: 855
«Ni te he de dejar, ni has de irte
sin bendecirme primero,
movido con mis sollozos,
vencido con mis requiebros.»
Ya llegando al corazón   860
de la fiebre los venenos,
palpitaba por huirlos,
hasta que, hallándose preso
de sus mortales embargos,
daba los golpes más lentos,   865
destemplados los colores,
aunque el semblante modesto,
tan mesurado, tan grave,
tan imperioso, que entiendo
que la majestad del rostro   870
fue de la muerte un respeto.
Los ojos que hasta allí claros
al cielo estaban atentos,
se cerraron al reposo
postrero, y en este sueño,   875
del mundo se durmió el Sol,
del Sol se añubló el espejo,
del espejo faltó el vidrio,
el vidrio reventó al fuego,
el fuego empeñó sus luces,   880
la luz se apagó en el hielo
de aquel profundo letargo,

de aquel forzoso silencio,
donde de la emperatriz
la noble vida muriendo,   885
dormido el cuerpo en la cama,
despertó el alma en el cielo.
De esta suerte la perdiste,
de esta suerte la perdemos;
el mundo se vista lutos,   890
la voz, roncos epicedios,
los pechos, tristes gemidos,
la lengua, lúgubre acento,
el corazón, dolor grave,
los ojos, mares inmensos.   895
El mármol dé a la memoria
de su sepulcro el diseño,
el bronce dé a las edades
de su tragedia el letrero.
Y la fama erija al mundo   900
de su virtud los monteos.

Carlos   Que me ha dado algún alivio
la relación, os confieso,
que gusta un triste de oír
hablar de sus sentimientos.   905
Ahora, marqués, habéis
de tomar por mí otro nuevo
trabajo con la marquesa,
porque a los dos encomiendo
el cuidado de llevar   910
hasta Granada su cuerpo,
a la capilla, que en ella
es de los reyes entierro.

Leonor   Mi propio amor me forzara

46

	cuando no fuera precepto	915
	tuyo hacer a mi señora
	estos últimos obsequios.

Borja   A prevenir la jornada
          vamos.

Carlos   Marqués, partid luego.

(Vanse todos, y sale Sansón.)

Sansón   No puedo ir a Granada,   920
          que tengo una espinilla lastimada,
          y es fuerza caminar con mil desvelos,
          llorando muertos y gimiendo duelos.

(Sale Belisa con un billete.)

Belisa   Aquí a Sansón he visto.
          Sansón.

Sansón   ¿Otra?   925

Belisa   Sansón.

Sansón   Pléguete Cristo,
          sin duda que a mí era
          a quien ésta buscó la vez primera.
          Por Dios, que esto va lindo;
          de aquí adelante doy en bisbirindo,   930
          y nadie si me viere hacer figuras
          diga, no beberé de estas linduras.

Belisa   Hable el papel, aunque la lengua calle.

Sansón	Debo de ser, sin duda, de buen talle.	
Belisa	¿Me has oído, Sansón?	935
Sansón	Sansón te ha oído,	
	y tú de este Sansón Dalila has sido.	
	Mas no has de echarme lazo,	
	ni tengo de dormir en tu regazo,	
	ni cortarme el cabello,	940
	ni sujetarme a la tahona el cuello,	
	ni para tus despojos	
	hacerme tu rigor sacar los ojos	
	o busca otro Sansón a tus deseos,	
	que yo he de ser Sansón sin filisteos.	945
Belisa	Por el nombre, a lo menos, que te pones,	
	has de saber desquijarar leones.	
Sansón	Fuerzas mal empleadas,	
	que me ofende el león con sus quijadas.	
	¿Yo hacer mal? No me atrevo,	950
	que soy Sansón del Testamento Nuevo.	
Belisa	Ni aún burlando lo digas.	
Sansón	Hay tal tema	
	que éste se ponga aquí con mucha flema;	
	a que quiera o no quiera,	
	me ponga yo a rifar con una fiera.	955
	Por Dios, tema inhumana	
	vete con Dios, hermana,	
	que no quiero pendencias con leones,	
	aunque fuera yo solo diez Sansones.	

Belisa	¿Pues de aquesto te apuras?	960

Sansón	Soy ya grande para esas travesuras.

Belisa	Más me importa tu gusto.

Sansón
                    Vaya de eso,
que yo tu gusto ejecutar profeso.

Belisa
Aquesa verdad pruebas
si este papel a tu señor le llevas.   965

Sansón
Doscientas persuasiones
me has echado a perder en dos razones,
pues blanco me fingí de tu conquista,
y a dos por tres me hallo recaudista.
Mas sé que tu papel no tendrá efeto,   970
porque es Borja un galán muy recoleto,
y nunca lee papeles sin licencia.

Belisa
¿Pues a quién se la pide?

Sansón
                       A su conciencia.

Belisa
Dale el papel, aqueso no te aflija,
y toma por el porte esta sortija.   975

Sansón
Haré mil maravillas,
que al lacayo más santo hará cosquillas
una sortija de oro.

Belisa
                 Va infinito
en dar este papel.

Sansón	¿Sin sobrescrito?

Belisa	Y sin firma también, que en sus renglones,	980
	mucha pólvora va en cuatro razones.	

Sansón	Con todo a dudar llego
	si pólvora hay aquí, que allá haya fuego.

Belisa	Al fin si oye mis voces,	
(Vase.)	dame tú a conocer, pues me conoces.	985

Sansón	Haré con el papel hechos bizarros,
	que hay en él para más de dos cigarros.
	¿Papelito al marqués? Pobre lacayo,
	un taco hiciera y me tirara un rayo.

(Sale Flora con otro papel.)

Flora	Con paso feliz entro,	990
	pues apenas te busco, y ya te encuentro.	

Sansón	¿Qué es esto, más empleos?
	Pues no he de malograr otros chiqueos.

Flora	En tu nombre contemplo	
	que si es bastante a derrocar un templo	995
	desde el plinto a la altura,	
	desrasando su eterna arquitectura.	

Sansón	No es para perder el juicio un hombre,	
	la tema que éstas tienen con mi nombre,	
	que por fuerza, o de grado,	1000
	porque murió su santo degollado,	

ha de ser degollado, aunque resista,
cualquiera que se llame Juan Bautista.

Flora   Aguarda, que otro templo me aseguro
derrocar piedra a piedra, y muro a muro.   1005
Éste es Borja, tu amo,
en cuyas pretensiones yo me inflamo.
Llévale este papel, que en lo que reza,
pretendo derribar su fortaleza,
y si le hallo propicio,   1010
el Sansón serás tú de su edificio.

Sansón (Aparte.)   Aquí me importa urdir una tramoya;
quizá esta boba me dará otra joya.
-Mi amo fue primero
quien de aqueste papel me hizo tercero,   1015
para saber cuán entendida eres
(Dale el papel.)   en descifrar aquestos caracteres;
y va sin firma y nombre,
y de mujer parece, y es de hombre;
y dice que en volviendo de Granada,   1020
verás su voluntad en ti empleada.

Flora   Posible es que tal veo
que logró su esperanza mi deseo.

Sansón   Acaba ya de darme algún anillo.

Flora   Muchos te doy en este cabestrillo.   1025

Sansón   Mire si es como quiera
la pólvora de esta otra escopetera;
advierte que hay peligro en publicarlo.

Flora	Dile que yo sabré disimularlo.
	Y dale ese papel, que lleva dentro 1030
	de fuego y llamaradas otro centro,
	y su tenor al que me das confirma,
	pues va también sin sobrescrito y firma.
Sansón	Brava tramoya es ésta;
	ya tengo para esta otra una respuesta. 1035
	Sansón, ruede la bola,
	que ya por ésta vuesarced manola.
	¡Oh papel bien feriado,
(Vase.)	llamarte tengo mi papel sellado!
Flora	¿Qué le sirve a la piedra más constante 1040
	resistir del martillo impresión fiera,
	si en sangre de un cordero vuelto cera,
	cera perdió lo que ganó diamante?
	¿La exhalación qué medra, si flamante
	cometa sobre el viento se aligera, 1045
	tardándose en caer de aquella esfera
	lo que se estuvo en ser rayo tronante?
	Y al hombre ¿qué le importa, blasonando
	de fuerte, que ser piedra se prometa?
	¿Qué importa a la región subir volando, 1050
	a donde el aire su altivez respeta,
	si vuelve un Tuego su diamante blando,
	y baja rayo quien subió cometa?

(Vase, y salen por una puerta el arzobispo de Granada, y un secretario, y algunos criados, y por la otra Borja y acompañamiento de luto.)

Secretario	Infinita es la gente que se llega
	a ver la ceremonia de esta entrega. 1055

Arzobispo	Desde esta madrugada
	junta en la iglesia está toda Granada.
	¿Quién de hacer esta entrega y juramento
	ha venido encargado?

Secretario	Señor, ese cuidado	1060
	al marqués de Lombay el César fía,
	heredero del duque de Gandía,
	cuya noble persona
	está electa en virrey de Barcelona.

Arzobispo	Pues jure vueselencia	1065
	de todo este concurso en la presencia,
	que el cuerpo que ha traído,
	de Toledo a Granada remitido,
	y en esta caja nos entrega ahora,
	es de la emperatriz nuestra señora.	1070

| Borja | Abrid aquesa caja. |

(Descúbrenla, y parece una calavera.)

	El espanto y pavor mi lengua ataja.
	Válgame Dios, ¿qué veo?
	¿Cómo puedo jurar lo que no creo?

| Secretario | Haga vuestra excelencia la protesta. | 1075 |

Borja	¿Cómo la emperatriz es ésta? ¿Es ésta?
	No hay tal; yo me he engañado;
	mas ¿qué cuenta he de dar de mi cuidado?

| Secretario | Parece que habla con razones mudas. |

| Arzobispo | Que está, parece, entre temor y dudas. | 1080 |

Borja	Señores, aunque pruebo	
	a hacer el juramento, no me atrevo,	
	que en esta caja puse yo una estrella,	
	y no hallo de su lumbre una centella.	
	A esta tumba traduje todo el polo,	1085
	y no hallo de su luz un rayo solo.	
	La emperatriz hermosa entonces era,	
	y ahora una desnuda calavera.	
	No es aquél, no es aquél su rostro hermoso,	
	no es su semblante aquél majestuoso.	1090
	Por tanto entre las dudas que aquí siento,	
	será solo el tenor del juramento	
	que juro, que según fue mi cuidado,	
	en haber este cuerpo trasladado	
	de Toledo a Granada moralmente,	1095
	juzgo que ningún caso ni accidente	
	pudo hacer que el que yo os entrego ahora	
	no sea de Isabel nuestra señora;	
	que decir que es el mismo, y afirmallo	
	juzgo imposible cuanto más jurallo,	1100
	porque le quede al mundo de esta suerte	
	testimonio en mudanzas de la muerte.	

| Secretario | ¡Por cierto caso extraño! | |

Arzobispo	¡Qué materia hay aquí de un desengaño!	
	Secretario, dad fe de lo jurado	1105
	con el tenor que Borja lo ha dictado.	

| Secretario | Doy fe de dicho y hecho, | |
| | con instrumento y forma de derecho. | |

Borja	¡Que aquí paró tan verde primavera!	
	No más servir señor que se me muera.	1110
	Herido estoy, mi Dios, y arrepentido	
	de lo mal que he vivido.	
	¡Oh, quién naciera ahora,	
	para no malograr sola una hora!	
	¡Oh, quién siempre trajera	1115
	presente el rostro de la muerte fiera!	
	¡Oh, si rompiera tanto loco enrido	
	ya que no vuestro amor, siquiera el miedo	
	que aquí pára la pompa lisonjera!	
	No más servir señor que se me muera.	1120

Secretario	Ya el instrumento cierro.	

Arzobispo	Pues mañana será misa y entierro,	
	y el cuerpo quedará depositado	
	en la real capilla, a mi cuidado.	

(Cierran la cortina, vanse todos y queda Borja solo.)

Borja	Imperios, ¿en qué estribáis?	1125
	Tronos, ¿sobre qué os tenéis?	
	Majestad, ¿de qué pendéis?	
	Grandezas, ¿a qué aspiráis?	
	¿De que sirve que creáis	
	la pompa que el mundo admira,	1130
	si tan fácilmente expira	
	el trono y la majestad?	
	Sola la muerte es verdad,	
	que lo demás es mentira.	
	Hermosura, ¿qué te has hecho?	1135
	Beldad, ¿dónde te escondiste?	
	Salud, ¿cómo te has deshecho?	

Lozanía, ¿qué provecho
conserva tu lucimiento,
si eres flor expuesta a un viento,   1140
si rosa eres bella y roja,
que a un embate se deshoja,
y se marchita a un aliento?
¿Qué locura es, qué locura
la de mis necios engaños,   1145
si los más floridos años
dan en una sepultura?
Girasol, ¿cuánto te dura
beberte del Sol el rayo,
si llega un mortal desmayo   1150
cuando se ausenta su coche,
y acaba sola una noche
los lucimientos de un mayo?
¿Qué importa que de tus galas,
oh pajarillo, presumas?   1155
¿Qué importa, nave de plumas,
que peinen luces tus alas,
si hay en los cañones balas
con qué romperte las velas,
y al tiro que no recelas,   1160
sesgando el aire sereno,
te interrumpe solo un trueno
la presunción con que vuelas?
Arroyuelo, ¿a dónde vas?
¿Dónde corres, arroyuelo?   1165
Mira no te encuentre un hielo
que a tu pesar pararás;
o al menos, si corres más
hasta el mar, anegaráste,
y si a sus ondas llegaste,   1170
tú mismo tu muerte fuiste,

pues más temprano moriste
cuanto más te apresuraste.
Pues si a girasol aspiro
¿cómo no temo una helada?   1175
Si soy ave remontada,
¿cómo no recelo un tiro?
Si dulce arroyo me miro,
¿quién me podrá ser apoyo
para no hundirme en el hoyo,   1180
que es como el mar de la muerte,
acabando de una suerte
hombre, flor, ave y arroyo?

(Vase.)

Fin de la primera jornada

Jornada segunda

(Sale Rocafort bandolero.)

Rocafort   ¿Que sola una oposición
entre dos linajes pudo
ocasionar tanto incendio
en Cataluña, que puso
al ejercicio más bajo   5
tantos nobles, como juntos
en cuadrillas se abandonan,
y pasando los abusos
de la venganza, se abaten
a sustentarse de hurtos?   10
¿Que pudiendo en las batallas
alcanzar invictos triunfos
con que hacer su nombre eterno
solo obtengan en el mundo
renombre de bandoleros?   15
¿Yo soy Rocafort? ¿Yo junto
presunción de un pecho hidalgo
con oficio que presumo
que se afrentará un plebeyo?
Vive el cielo, que confuso   20
me arrepiento de ser noble;
porque no digan que sufro
un tabardillo en mi sangre,
que le corrompe lo puro
de su nobleza, o al menos,   25
si yo soy el que le infundo
la peste, que también sea
quien sangre el humor corrupto
con que vive envenenada,
o por acabar en uno   30

ya con el honor la vida;
y pues delitos incurro
contra mi honra, yo mismo
sea delincuente y verdugo

(Sale un bandolero con Sansón preso.)

Sansón   Bandolero de mis ojos,   35
                  si ya te di tres escudos,
                  que era todo mi caudal,
                  ¿qué me quieres?

Bandolero   Darte unos
                  confites que te ha guardado
                  Rocafort.

Sansón   Pues ¿cómo supo   40
                  Rocafort que yo era amigo
                  de confites? No acostumbro
                  comerlos, por vida mía,
                  que son mis achaques muchos,
                  y los confites me matan.   45
                  Fuera de que yo no gusto
                  de beber agua jamás,
                  y siempre anduvieron juntos
                  comer dulce y beber agua.

Bandolero   Pues darte aun trago del puro.   50

Sansón   Harto trago es el prenderme.

Rocafort   ¿Quién es ese hombre?

Bandolero   Barrunto

	que acaso se habrá soltado	
	de algún gallinero.	
Sansón	Juro	
	que yo me holgara de ser	55
	viéndome en aqueste punto	
	gallina física y real:	
	que yo excusara estos sustos,	
	y en mi corral me estuviera	
	poniendo huevos; mas plugo	60
	a los hados de mi estrella	
	que yo por secreto influjo	
	sea gallina con bigotes,	
	como otros que hay en el mundo.	
Rocafort	¿Cómo te llamas?	
Sansón	Sansón.	65
Rocafort	¿Sansón? Pues di, ¿no es injusto	
	tener tan valiente el nombre	
	y tener tan pocos humos	
	de valor en ese pecho?	
	¿No has de tomar por asunto	70
	azorar la valentía	
	a desgajar con los puños	
	las quijadas a un león	
	y astillar la testa a un bruto?	
Sansón	¡Oh en malas galeras reme	75
	quien este nombre me puso,	
	que todos me dan en cara	
	si con él cumplo o no cumplo!	

Rocafort	Sansón, y si te aprisionan	
	la suerte o los infortunios,	80
	¿no has de saber destrabarte	
	de las coyundas los pulsos?	
	¿No arruinaras de un vaivén	
	en un edificio juntos	
	columnas, pilastras, yambas,	85
	ancones, carquesios, cúneos,	
	plintos, boceles, llumazos,	
	chelonios, cimazos, plúteos,	
	repisas, histrias, cornisas,	
	cimborios, frisos y cubos,	90
	haciendo de todo ello	
	tu portentoso sepulcro,	
	echándote encima roto	
	todo un templo a solo un tumbo?	
Sansón	Ya escampa, y llovían guijarros,	95
	ancones, plintos y plúteos	
	No dijera más si diera	
	en bandolero Vitrubio.	
	Válgate el diablo por hombre,	
	Rocaforte o Rocafurto,	100
	las bernardinas, que ha echado	
	en arquitecto o en culto:	
	que para mí tanto monta,	
	pues ni un vocablo, ni uno,	
	he podido penetrarle	105
	según han sido de oscuros,	
	ocultos y revesados.	
Rocafort	Pues sin ser Sansón, yo dudo	
	que Sansón se le opusiera	
	a mi valor, pues sojuzgo	110

	los más fieros animales	
	y suelo hacerlos menudos.	

Sansón   Señor, yo haré penitencia
                de este nombre que me cupo
                y que tan indignamente   115
                tomo en mis labios inmundos,
                y prometo no llamarme
                Sansón más, sino don Lucio,
                o don Floro, o don Lucindo,
                que todos, según barrunto,   120
                son nombres afeminados.

Rocafort   Deja ahora esos discursos
                y di, ¿dónde caminabas?

Sansón   A Barcelona, con unos
                despachos de Carlos V.   125

Rocafort   ¿Y de ti los fía?

Sansón   ¿Que mucho
                no valgo para correo?

Rocafort   Muestra.

Sansón   En vano los oculto.

(Dale un pliego de cartas.)

Rocafort   Al virrey el sobrescrito
                dice, pero está seguro   130
                que no he de romper la nema,
                porque soy noble, y es justo

	que el noble lo muestre ser	
	en la lealtad al augusto	
	señor suyo natural.	135
	El pliego te restituyo	
(Vuélveselo a dar.)	sin abrirle, porque entiendas	
	que del rey solo un dibujo	
	trasuntado en un papel	
	causa respetos ocultos,	140

Sansón   Señor, no contiene más.

Rocafort   Pues di, ¿yo te lo pregunto?

Sansón   Soy lacayo, con que he dicho
que ningún secreto sufro.

Rocafort   Pero pues que tú lo sabes,   145
que lo sepa yo no es mucho.
¿Qué contiene?

Sansón   Pide el César
un auténtico trasunto
en ciertas informaciones
de un recelado tumulto   150
que a Cataluña alteró.

Rocafort   ¿Quién es el virrey?

Sansón   Excuso
su elogio por ser mi amo;
que es un ángel te aseguro.
Es don Francisco de Borja,   155
en cuya persona puso
el Autor mil buenas partes,

y siempre amistades tuvo
con bandoleros.

Rocafort   ¿Qué dices?
¿Es buen médico ninguno   160
que conociendo la fiebre,
y su intoxicado influjo,
le da fuerzas al veneno
que está en las venas oculto?
No puede ser buen virrey,   165
que eso es dar fuerzas y jugo
a la peste de los reinos,
amparar por sus alumnos
los hombres facinerosos.

Sansón   Fue lisonja, que antes juzgo   170
que es justiciero en extremo.
Con todo, saber procuro
¿por qué tan recto le quieres
que te causase disgusto
verle amparo de ladrones?   175

Rocafort   Ese, amigo, es otro punto,
que juzgo lo que es razón
con mi entendimiento agudo,
pero con mi propio amor
siempre mis daños rehuso;   180
sé que es justo hacer justicia
pero conmigo no gusto.

Sansón   Aquí el refrán castellano
se ha caído de maduro:
justicia y no por mi casa.   185

Rocafort	Es el refrán oportuno. Dime ¿es mozo ese virrey?
Sansón	Aún no cumplió los seis lustros, que solos veinteinueve años ha que ve la luz del mundo.

190

Rocafort	¿Debe de ser muy prudente?
Sansón	Es un Séneca, un Licurgo es un centro de prudencia.

(Sale otro bandolero segundo, con una mujer presa.)

Bandolero	Señor, esta mujer.
Rocafort	Juro a Dios que no sé, no sé como resisto a un impulso que me viene de matarte. ¿No he dicho a todos mis súbditos que a las mujeres les debe pasaje y salvoconducto el respeto y la piedad y el valor en su recurso? El respeto, porque siempre da a la decencia tributo; la piedad, porque a quien llora mostrar fiereza es injusto, y el valor, porque rendir flaquezas nunca fue triunfo. Idos, señora, en buen hora y que siento, os aseguro, la necia descortesía

195

200

205

210

66

del que a mis ojos os trujo.

Mujer   Yo me voy, y plegue al cielo
premiar tan cristiano asunto
con darte una buena muerte.   215

(Vase la mujer.)

Sansón   Conforme fuere el verdugo.

Rocafort   Sansón, prosiga también
de su jornada el discurso.

Sansón   Dios te depare una horca
nueva, que no haya ninguno   220

(Vase.)   estrenándola hasta ti.

Rocafort   Páguete Dios el anuncio.
En viendo un hombre cobarde,
amigos, mal disimulo
agradecerme a mí mismo   225
las fuerzas, porque yo lucho
con un oso, y lo barbeo,
y más de una vez, alguno
que intentar quiso ofenderme,
tan presto el castigo suyo   230
conoció, que entre mis brazos
alzando el cuerpo membrudo,
fue tan veloz el ahogarle,
que abrió la boca, y no tuvo
lugar de cerrarla más,   235
y juzgara quien estuvo
a la mira, que la abrió
el oso medio difunto,

| | por solo escupirme a mí | |
| | las entrañas con el susto. | 240 |

Bandolero 2   Parece encarecimiento.

Bandolero 1   Tu valor es sin segundo.

Rocafort   Ni es esto solo en los brazos,
               que una vez que con orgullo
               quiso un soberbio alazán   245
               hacerme a mí de su curso
               Faetón estrellado a un risco,
               tal le apreté entre los muslos,
               que le reventé la vida
               pareciendo en aquel punto   250
               que llegó al despeñadero,
               atrevido y disoluto,
               solo a despeñar el alma,
               porque el cuerpo quedó surto
               en el brocal de la peña;   255
               yo tan en mí, que no dudo
               decir que ni aun me turbé
               y me importó, pues no hubo
               sucedido aqueste lance
               cuando la ocasión me puso   260
               en otro más apretado:
               salióme un toro sañudo
               al encuentro, alto de cuerpo,
               bajo de hombros, confuso
               el lomo de negro y pardo,   265
               el pecho de pardo y rubio,
               corto cuello, ancho de testa,
               frente rizada, ojos turbios,
               cerviz gruesa, hosca la barba,

de la Luna tan agudos   270
los dos buidos estoques
que eran sus puntas dos puntos.
Paróse soberbio y bravo;
paréme serio; desnudo
la espada; con él me afirmo;   275
conmigo se encara el bruto;
peina con el callo el puesto;
de polvo levanta nublos;
da un bramido, parte ciego,
tan ligero, que discurro   280
que formó nubes de polvo
por salir de sus disturbios;
como el rayo cuando rompe
la nube con trueno y humo,
acometió, y al bajar   285
la testa, con tiento y pulso
le embebí por la cerviz
el estoque hasta el puño,
cosiéndole con el pecho
la barba, y pasando en uno   290
cerviz, pecho, piel, garganta,
tan presto, que con el zuño
iba a bramar, y el bramido
yo tan veloz le interrumpo,
que abriendo en la dura caña   295
fiera cicatriz, le cupo
a la herida rematar
el bramido, que no pudo
más que empezar con la boca,
y de esta suerte concluyo   300
de aquel ruidoso cometa
las presunciones y orgullos,
perdonad si os he cansado,

	y vamos a ver si algunos	
	robos ha hecho mi gente.	305

Bandolero 1   Tu fama celebre el mundo,
                 y a tus heroicas hazañas
                 les rinda lauros y triunfos.

(Vase, y sale Belisa disfrazada de paje.)

Belisa   A Barcelona he venido
                 siguiendo a Borja los pasos,   310
                 a donde el César invicto
                 por su virrey le ha enviado.
                 Como paje de su casa
                 me he vestido y disfrazado,
                 por ver si tengo ocasión   315
                 de rendir su pecho ingrato.
                 Aunque de Granada vino
                 para mi amor tan mudado,
                 que de vencerle mi pecho
                 casi va desesperando.   320
                 Pues cuando volvió a la corte,
                 por verle me puse al paso
                 a hacer costosa experiencia
                 de su pasión; y en llegando
                 conmigo a frontarse, fue   325
                 como cuando un agraviado
                 con el agresor se encuentra,
                 que apenas le terminaron
                 sus ojos, cuando del rostro,
                 semblante y color robado,   330
                 las acciones indecisas,
                 los movimientos pausados,
                 emponzoñada la vista,

con ella le está flechando
de su rabia una saeta, 335
de sus ardores un rayo.
Pues de la misma manera,
al verme suspendió el paso,
perdió el color, vistió el rostro
del afecto más airado, 340
que si viera un enemigo.
Quise hablarle, mas fue tanto
el pavor que concebí
que echó a la boca un candado,
a la vista una vergüenza, 345
a las potencias un manto,
a las acciones un miedo,
al movimiento un embargo,
a los sentidos un hielo,
a los miembros un desmayo, 350
al pecho triste un dolor,
al entendimiento un pasmo,
al corazón un ahogo,
y a mis dos ojos un llanto
en que hasta ahora me anego, 355
con que temiendo y dudando
ni sé esperar, ni quisiera
desconfiar de alcanzarlo.

(Sale Sansón de camino.)

Sansón   ¿Qué hay, niño, común de dos?

Belisa   ¿Qué hay, Sansón, cómo has llegado 360
                de la corte?

Sansón   En una mula.

Belisa	Pues yo pensé...
Sansón	¿Que en un macho vas a decir?
Belisa	Tú lo dices.
Sansón	Pues de tal mano, tal dado.

Belisa	Bravamente Barcelona	365
	su virrey ha celebrado;	
	nunca tal vido este reino.	
Sansón	Pues dime, Belisa, ¿es barro	
	un tan gran virrey, marqués	
	de Lombay, que ya ha heredado	370
	el ducado de Gandía,	
	grande en Castilla, privado	
	del invicto Carlos V	
	y su pariente cercano,	
	de línea real bisnieto	375
	del mismo rey don Fernando?	
	Para tan alto señor	
	es corto cualquier aplauso,	
	para un duque todo es poco,	
	para un grande, lo alto es bajo.	380
	Y viniendo a lo adquirido,	
	con ser tanto lo heredado,	
	no ha de estar loco este reino	
	de regocijo, gozando	
	un virrey tan apacible,	385
	tan tratable, tan humano,	
	tan advertido, tan cuerdo,	

<pre>
                    tan erudito, tan sabio,
                    tan sosegado en la paz,
                    en la milicia tan bravo,   390
                    tan gentilhombre de a pie,
                    tan buen jinete a caballo,
                    tan amigo de hacer bien,
                    tan limosnero, tan franco,
                    tan religioso en la iglesia,   395
                    tan cortesano en palacio;
                    que vela como que duerme,
                    duerme como que es un Argos
                    disimula a lo advertido,
                    advierte disimulado,   400
                    perdona lo remisible,
                    castiga lo necesario,
                    ni inexorable en rigores,
                    ni en hacer justicia blando.

Belisa   Acaba, que me das celos.   405
                    ¿Hasta cuándo has de alaballo?

Sansón   Pues soy una perla yo,
                    sino que él es un ingrato.

Belisa   Vengamos a lo que importa:
                    dime, Sansón, ¿en qué estamos?   410
                    ¿Tú no me diste un papel?

Sansón   Es verdad.

Belisa   ¿No me has jurado
                    que era de Borja?

Sansón   También.
</pre>

Belisa	¿Que al mío se mostró blando?

Sansón	Blando como una manteca,	415
	así sea el sueño del gato.	

Belisa	¿No me has hecho disfrazarme
	como paje de palacio?

Sansón	Como paja era mejor,	
	y podrás servir a un macho.	420

Belisa	Pues, ¿cómo está tan cruel
	y a mí amor tan poco grato?

Sansón	Ya te he dicho que volvió	
	de Granada tan mudado,	
	que para santo le falta	425
	no más de canonizarlo.	

Belisa	¿Pues es posible, Sansón,
	que si yo me le declaro,
	no conseguiré rendirle?

Sansón	¿Declarar dijiste? ¿Cuándo?	430
	¿Dónde? ¿A qué hora? ¿En qué puesto?	
	Que todo el día no hay rato	
	desembarazado, en que	
	no está el virrey ocupado:	
	ya en públicos ejercicios,	435
	y en publicidad es claro	
	que no hay lugar oportuno;	
	ya en secreto retirado	
	a su oratorio, y si vas	

                    a verle en lugar tan sacro,   440
                    te dirá mil exorcismos,
                    como si viera algún diablo.
                    Y no me he alargado mucho,
                    que hay mujer que monta tanto
                    como un diablo, y algún indio   445
                    me responderá ihuan tlaco.

Belisa   Una industria se me ofrece;
                    ya sabes que de ordinario
                    se va a cazar el virrey
                    bandoleros y leopardos,   450
                    los unos por la justicia,
                    y los otros por dar vado
                    con este divertimiento
                    a su excesivo trabajo.
                    Pues al monte he de ir contigo,   455
                    allá los trajes mudando
                    que aquí oculta el disimulo,
                    y cuando le vea apartado
                    de sus monteros, fingiendo
                    que voy perdida, está claro   460
                    que la noble compasión
                    hará que me preste gratos
                    oídos; entonces yo
                    de su papel le haré cargo,
                    de mi afecto obligación,   465
                    y al fin sabré, si le hablo,
                    si hay en mi esperanza vida,
                    o muerte en mi desengaño.

Sansón   Bien digo yo que una de éstas
                    sabe más que cien mil diablos,   470
                    pero el virrey viene aquí.

Belisa	¡Qué afable, qué cortesano!

(Sale Borja, y don Juan niño, su hijo, y acompañamiento.)

Don Juan	Cansado está vueselencia.	
Borja	Os aseguro, hijo amado,	
	que pesa mucho un gobierno,	475
	y son mis hombros muy flacos.	
Don Juan	Vuestra excelencia, señor,	
	le hace mucho más pesado,	
	adelantándoles siempre	
	a las fuerzas el trabajo:	480
	porque ni el emperador	
	ni Dios le obligan a tanto	
	como vueselencia toma	
	de desvelos y cuidados,	
	ejecutando por sí	485
	lo que pudiera un criado.	
Borja	Ay, don Juan, ¿ha de dar cuenta	
	de mi oficio y de mi cargo	
	el ministro? ¿O yo que tengo	
	de satisfacer por ambos?	490
	Como original defecto	
	es el de un ministro malo,	
	que comete uno la culpa	
	y contraen dos el pecado.	
	Y así quiero en mi gobierno	495
	de mí solo dar descargo,	
	y que no me amargue a mí	
	lo que no llegó a mis labios.	

Don Juan	Por lo menos, vueselencia,	
	como se muestra tan llano,	500
	da ocasión con su humildad	
	a que le crezca el trabajo.	
	Porque no hay hora del día,	
	que no tengan paso franco	
	para hablarle cuantos quieren	505
	y es tan poco cortesano	
	el vulgo, que la licencia	
	la conmuta en desacato	
	porque tienen ya tan fácil	
	y tan sin embargo el paso	510
	para hablar con un virrey	
	como con un ordinario.	
Borja	Aquesas bachillerías	
	os confieso que me han dado	
	mucha pena, porque indician	515
	en vos pensamientos vanos.	
	Mientras los príncipes son	
	al mundo más encumbrados,	
	su misma alteza les fuerza	
	a tener demiso el ánimo.	520
	No penséis que sin misterio	
	le llamaron carga al cargo,	
	no solo porque le tiene	
	de molestias y quebrantos,	
	sino porque a la manera	525
	que quien tiene algo pesado	
	a cuestas, la carga misma	
	le inclina el cuello a lo bajo.	
	Así el príncipe, teniendo	
	el peso del solio y mando	530

sobre sus hombros, le obliga
a inclinarse tanto, tanto,
que se agobie hasta igualarse
aun con sus mismos vasallos.
Dios se llama en la escritura   535
Azucena de los Campos
el porqué yo os lo diré,
y quedaréis enseñado
en el mando, a ser humilde,
en la altura, a ser humano,   540
en el solio, a demitiros,
y en la grandeza, a inclinaros.
En solio de esmeralda la azucena,
reina de plata se alza entre las flores;
desde su nacimiento Flora ordena   545
que de cetro a su vara ornen primores.
Con su origen su reino se encadena,
porque al verse entre tantos esplendores
entronizado al solio aquel pimpollo,
le agradezca su honor a este cogollo.   550
Crece la vara a la mayor altura,
descuelga la esmeralda, caja breve
que deposita la mayor blancura;
rompe el botón, descoge plata, y nieve
flueca el oro cairel y bordadura,   555
porque en su imperio la azucena pruebe,
si la imagen de un rey en sí retrata,
que no hay posible rey sin oro y plata.
Ya puesta la azucena en tal grandeza,
vistiendo tan preciosos recamados,   560
con imperial corona en la cabeza,
de flores la república y los prados
vasallaje rindiendo a tanta alteza,
como a todos de sí los ve colgados,

el cuello agobia, porque en sus candores 565
la cara de su reina vean las flores.
¿Quién duda que la flor no se humillara,
si sobre el cuello el peso no tuviera
de la imperial diadema? Es cosa clara,
que si hasta aquella cumbre no subiera, 570
a aquesta demisión no declinara,
pues de la misma suerte en alta esfera
al príncipe, al señor, a ley de sello,
el peso de su honor le agobia el cuello.

Don Juan   Enseñado, señor, y corregido 575
con su saber me deja vueselencia,
y en su enseñanza, quedo ya advertido
de la regla mayor de la prudencia.

Borja   Sansón.

Sansón   Señor.

Borja   ¿Está ya prevenido
lo que mandé?

Sansón   Tan presta es mi obediencia 580
que al punto, y al momento, y a la hora
entre mandar y hacer no hubo demora;
ya aguardan los caballos y monteros.

Borja   Pues vamos, y una escuadra de soldados
llama, porque si hubiere bandoleros, 585
mis trabajos daré por bien premiados,
con cazar en el monte hombres tan fieros,
que no hay, caza tan dulce a mis cuidados,
como prendiendo fieras mi codicia,

	ser también cazador de la justicia.	590

| Sansón | Ah, Rocafort amigo, aquí te quiero,
que guardados te tengo unos confites
que te alarguen un palmo el tragadero. | |

| Belisa | Sansón, ahora es bien que solicites
la ejecución de mi contrato. | |

| Sansón | Espero
servirte en todo. | 595 |

| Belisa | Con mi amor compites.
Yo tengo que salir de aqueste encanto;
ven, porque lleves mi basquiña y manto. | |

(Vanse todos. Salen Rocafort y un bandolero.)

| Bandolero | Mucho tu valor desdora
sujetarle a esa pasión. | 600 |

| Rocafort | Fuerza es de imaginación
la que me entristece ahora. | |

| Bandolero | Es ofender al sentido
con un manifiesto engaño,
idolatrar en un daño
por un mal aprehendido.
Y es contra sí muy cruel,
quien por sospechas inciertas
a su mal abre las puertas
antes de tocarlas él. | 605

610 |

| Rocafort | Eso se decir en rigor, | |

que solo es mal el presente,
y que al futuro y ausente
no se le tenga temor.

Bandolero   ¿Pues qué temes?

Rocafort   Temo que   615
en algún mal he de verme.

Bandolero   ¿Cómo?

Rocafort   Que ha de sucederme.

Bandolero   ¿De qué lo sacas?

Rocafort   No sé.

Bandolero   ¿Quién lo dice?

Rocafort   El corazón.

Bandolero   Puede engañarse.

Rocafort   Es leal.   620

Bandolero   ¿Qué aprehende?

Rocafort   Mucho mal.

Bandolero   No lo creas.

Rocafort   Es pasión.

Bandolero   ¿Quién causa dolor tan fuerte?

Rocafort	Mi pensamiento.
Bandolero	Es engaño. ¿Quién lo acredita?
Rocafort	Mi daño.
Bandolero	¿Qué mal ha de ser?
Rocafort	Mi muerte.
Bandolero	¿Quién la ocasiona?
Rocafort	El deberla.
Bandolero	¿Quién la debe?
Rocafort	Mi malicia.
Bandolero	¿Quién te la da?
Rocafort	La justicia.
Bandolero	¿Quién lo amenaza?
Rocafort	El temerla.
Bandolero	¿Luego el temor es la muerte?
Rocafort	Es el temor su prenuncio.
Bandolero	¿Luego es morir el anuncio?

625

630

Rocafort	Sí, cuando quien teme es fuerte.
Bandolero	¿Por qué?

Rocafort

Porque ya el valor,   635
que ha sabido despreciarla,
muy cerca viene a mirarla
cuando la tiene temor.
Porque puede suceder
de su rostro a los reflejos   640
que burlada desde lejos,
de cerca se haga temer.
Luego si no la temí,
y ahora la temo, es cierto
que estoy muy cerca de muerto   645
porque de cerca la vi.

(Sale el segundo bandolero.)

Bandolero 2

Señor, en el monte está
con mucha gente el virrey.

Rocafort

Si pagar quien debe es ley,
mi deuda se pagará;   650
mas si ha de ser con morir,
tengo de morir matando.

Bandolero 2

El monte vienen trazando.

Rocafort

Pues tras mí os podéis venir.

(Vanse desnudando las espadas, y salen Belisa y Sansón.)

Belisa

Dame, Sansón, mi vestido.   655

Sansón	Toma tu vestido, niña.

Belisa	¿Traes el manto y la basquiña?

Sansón	Manto y basquiña he traído.

Belisa	Mas un hombre viene allí, que se apartó de otros dos.	660

Sansón	Rocafort es, vive Dios, y se encara para mí. ¡Oh mal hayan tus amores que me hicieron alejarme y a este páramo apartarme! ¡Válgame Dios, qué sudores! Pero yo escaparme espero, que a una mujer que prendió uno de aquéllos, mandó soltarla este bandolero.	665 670

(Descoge el manto, y poniéndosele Sansón, prosigue.)

	Oh, si el fervor le durara, ¡ay manto precioso y santo!, de ti me he de valer, manto, porque no me vea la cara, que si él me viene a tener por mujer, me dejará.	675

Belisa	Sansón, ya viene hacia acá.

Sansón	Dile que soy tu mujer, o que soy tu hermana, niño.

Belisa	Aguarda, no te alborotes.	680
Sansón	¡Oh mal hayan los bigotes; quién fuese ahora lampiño!	
Belisa	Aquí me valgan los pies, y dé el rayo en este loco.	
Sansón	¿Pues te vas?	
Belisa	Aguarda un poco y te llamaré al marqués.	685

(Vase Belisa, y sale Rocafort con la espada desnuda.)

Rocafort	Como en laberinto estoy, que tejiendo y destejiendo, ni acierto a escaparme huyendo, ni sé decir donde voy.	690
(Mirando a Sansón.)	Mas ¿qué visión es aquesta? ¿Quién eres sombra espantosa? Si eres mi muerte afrentosa, dispara ya tu ballesta. Acaba ya de acabarme tira, tira, que si no, te tengo de matar yo, porque tardas en matarme.	695
Sansón	¿Matar dijo? San Antón, ¿matar dijo? ¡Qué crueldad! ¿Matar? Terrible impiedad. Jesús, Jesús, confesión.	700

85

Rocafort	¿Qué te puede retardar? ¿No respondes? ¿Qué recelas?
Sansón (Atiplando la voz.)	Tengo un gran dolor de muelas 705 que no me deja hablar.
Rocafort	Sombra encantada, ¿quién eres?
Sansón	¿Yo, señor?
Rocafort	Tú.
Sansón	¿Yo?
Rocafort	Pues voto.
Sansón	No votes, que yo soy Cloto, o soy lo que tú quisieres. 710
Rocafort	¿Cloto? Pues, parca, no ceses de hacer tu oficio. ¿Qué aguardas? ¿Cómo en matarme te tardas?
Sansón	Aguardo a que te confieses.
Rocafort	¿Quién te hizo tan religiosa 715 con tan piadosos cuidados?
Sansón	Soy muerte de los ahorcados, y siempre he sido piadosa.
Rocafort	Esa es rigurosa ley, ¿luego estos plazos me diste 720 para la horca?

Sansón	Tú dijiste,
	y ahora lo dirá el virrey.

(Sale una escuadra de soldados, y dice dentro Borja.)

Borja	Por allá podéis buscar los otros.	
Soldado	Según yo siento,	
	si no es por encantamiento,	725
	éste no se ha de escapar.	
	Ríndete al virrey, ladrón.	

(Acuchíllenle.)

Rocafort	Matarte he primero a ti,	
	que es muy poco para mí,	
	no una escuadra, una legión.	730
	Conocerá vuestra suerte	
	que yo Rocaforte soy,	
	con estas treguas que os doy	
	desde la vida a la muerte.	

(Sale Borja.)

Borja	Ríndete luego a prisión.	735
Rocafort	Resistir intento en vano	
	que falta el pulso a la mano	
	y el ánimo al corazón.	
	A ti solo doy la espada	
	con rendida voluntad,	740
	vencido de una deidad	
	que en tu rostro vi estampada.	

(Dale la espada a Borja.)

Sansón (Aparte.)	Válgate el diablo lebrón, ¿eres tú el que reventabas leones, y osos ahogabas, 745 y esto sin ser tú Sansón? ¿Qué ahora como una gallina das las armas y la espada?
Soldado 1	Hola, ¿no veis la tapada?
Soldado 2	La figura es peregrina. 750
Borja	¿Quién es la que está contigo?
Rocafort	No sé.
Soldado 1	Mujer, di quién eres.
Soldado 2	Ella es monstruo de mujeres.
Sansón	¿Habla usamesté conmigo?
Soldado 1	Contigo.
Sansón	¡Qué desvarío! 755
Borja	Llegad a reconocella.
Sansón	Soy una pobre doncella que aquí perdí un hijo mío.

(Llegan a destapalle el manto.)

Soldado 1	Ea.
Sansón	Pese a los soldadillos. 760 ¿Quién aquí los entremete? Ay, que me ajan el rodete y me quiebran los zarcillos.
Soldado 2	Linda doncella.
Soldado 1	Extremada.

(Descúbrenle.)

Soldado 2	¡Jesús, Jesús, qué visión! 765
Borja	¿Quién es?
Soldado	Señor, es Sansón.
Borja	¿Qué es esto?
Sansón	Una sansonada.
Borja	De esta acción tan indecente la causa no te he pedido porque yo estoy más corrido 770 que tú.
Sansón	Soy un imprudente.
Borja	Y tú ¿quién eres, que así has manchado tu opinión con tan baja ocupación

	como te envilece aquí?	775

Rocafort   Aunque tan confuso estoy,
señor, pues lo has preguntado,
te diré quién me ha mudado
de lo que fui a lo que soy.
Barcelona me dio suelo,   780
la Fortuna, padres nobles,
y ojalá que me negara
las que me dio obligaciones.
Que no saliera la mancha
en mi linaje, tan torpe,   785
si como cayó en brocado,
hiciera sus impresiones
en el sayal más humilde,
donde menos se conoce.
Del tronco de los Caderes   790
era mi padre. Crióme
con más licenciosos fueros
que era justo, daño enorme
permitir el padre a un hijo
libertades, que si entonces   795
las atajara, no viera
por su casa deshonores,
que a despecho de su sangre
abortan sus permisiones.
Criéme siempre resuelto,   800
cruel, atrevido, y diome
Naturaleza tal fuerza
que levantaba dos hombres
en las palmas de las manos,
desgajaba el tronco a un roble,   805
hendía con el puño un mármol.

Sansón	Ahora van los leones,
	y los osos, y el caballo,
	boceles, plintos y ancones.

Rocafort   Pero destas y otras gracias   810
tan mal usé, que se corre
el pundonor refiriendo
mis sucesos. Ya conoces
la sangrienta enemistad
y fieras conspiraciones   815
con que a los Narros altivos
perpetuamente se oponen
los vengativos Caderes
(nocivo abuso en los nobles
el fuero de la venganza),   820
que antes arguye el reporte
más valor, cuando se tiene
en los agravios mayores,
porque es vencerse a sí mismo.
Paso al suceso: una noche   825
que entre otras mis paseos
iban buscando ocasiones
de solo hacer mal, sentí
que se acuchillan dos hombres.
Era el son de los aceros   830
a mi gusto tan conforme,
que me entretuve gran rato,
con oír aquellos toques,
como se suspenden otros
escuchando unas canciones   835
puestas en músico acento,
hasta que al uno quebróse
la espada, y el otro dijo:
«Aquí Fortuna valióte,

pues solo te da la vida   840
no tener armas.» Yo entonces,
pesándome que acabasen
sin hacer sangre estos golpes,
llevado de mi fiereza
natural, dije: «No corte   845
la lid vuestra cortesía
por la falta del estoque,
que al rendido ofrezco el mío».
Dísele; dado, afirmóse
con su contrario, y apenas   850
le embiste, cuando embebióle
toda mi espada hasta el puño;
cayó el herido, dejóse
el agresor el acero;
voyle a cobrar; estorbóme   855
el caído con decirme:
«Hombre, Dios te lo perdone
que más me mataste tú
pues diste, sin que te importe,
las armas a mi enemigo   860
y de dos competidores
queda un Narro victorioso
de don Juan de Rocaforte,
que es gloria de los Caderes.»
Y al decir esto faltóle   865
el aliento y murió luego.
Quedé helado a estas razones,
porque el muerto era mi padre.
Pienso que cuantos me oyen
lo atribuyen a castigo   870
del cielo, con que dispone
que aprendan todos los padres
a refrenar las disformes

costumbres de un hijo malo:
pues las disimulaciones   875
le aguzan tal vez la espada
que a ellos el pecho les rompe.
Sin cobrar mi espada fuime,
entre rabia y confusiones,
siguiendo el fiero homicida;   880
entró en su casa, encerróse,
y llegando yo a la puerta
le rompí un tablero a coces.
Entré, subí la escalera,
y pienso que mis ardores   885
me daban tal ligereza
y espíritus tan veloces,
que atrancando, no subiendo,
le volé los escalones,
poniendo un pie en el primero,   890
y el otro en los corredores.
Llegué a la sala, y estaba
mi contrario sin colores,
calzándose unas espuelas,
que ya había dos bootes,   895
preparándose en el patio
para él y un criado. Viome
y acabóse de turbar,
yo de irritarme. Hallóse
sin espada, yo también: 900
con que a fuer de luchadores
en un abrazo juntamos
ánimos tan desconformes.
Levantéle entre los brazos,
vide abiertos los balcones,   905
y le despeñé por uno
diciendo: «A tus pies traidores

han sobrado las espuelas,
pues porque el trabajo ahorres
de andar la postrer jornada   910
al paso de los bridones,
te la haga pasar volando
cual despeñado Faetonte,
siendo tu Eridano el suelo,
y tu castigo este golpe».   915
Acudió infinita gente
al suceso y a las voces
que su mujer triste daba.
Mi furia por todos rompe,
y arrancándole la espada   920
de la cinta al primer hombre
que encontré, subí en el bruto
que prestamente compone
para su amo el lacayo.
Salí a la calle, burlóse   925
de todos mi valentía,
y abrí tal campo, que en orden
parece que se pusieron
a ver la gala y primores
con que pasé la carrera.   930
Llegué al campo, entré en el bosque
cuando el gigante saluda
al alba en brutos albogues.
Encontré esos bandoleros;
juntéme a ellos. Conocen   935
mi valor y mi nobleza;
danme mil aclamaciones;
hácenme su capitán.
Gobiérnolos, soy del monte
obedecido monarca;   940
pongo leyes, doy blasones,

castigos al disoluto,
al benemérito, honores.
En los robos no permito
que se haga mal a los pobres,   945
venero los religiosos,
las mujeres y los nobles.
Y en fin, señor, te prometo
que a un lado el ser robadores,
en lo demás soy mejor,   950
después que habito estos bosques,
que en la ciudad. Pero el cielo,
negando más dilaciones
a mis delitos, permite
que tú con tus cazadores   955
me encuentres. Pruebo a huir:
no doy paso que no corte
con el temor la conciencia.
Vuelvo a este lugar; opones
tu presencia a mi huida;   960
pídesme las armas; doyte
sin resistencia el acero,
conociendo superiores
deidades en tu semblante
porque reparen los hombres   965
en tu sagrada justicia;
y en mi tragedia no ignoren
que aunque más al pecador
dilate Dios el azote,
alguna vez llega el plazo,   970
que pagando sus errores,
saque escarmientos ajenos
y propias satisfacciones.

Sansón   La horca de aquéste es cierta.

	Bien pueden tocar a doble,	975
	y sácolo de que ha hecho	
	un sermón, y los ladrones	
	nunca en la vida predican,	
	sino el día que les ponen	
	por púlpito la escalera,	980
	y, como ven que los oyen,	
	es tentación de ahorcados	
	el dar en predicadores.	

Borja   Tus desgracias me lastiman,

                              sábelo Dios, mas perdone   985

                              la compasión que no puedo

                              dispensar con los rigores

                              de la justicia. Llevadle,

                              y hechas averiguaciones,

                              pagará en un cadalso   990

                              sus delitos; y conforme

                              tengo mandado otras veces,

                              daréis a algún sacerdote

                              limosna de un treintanario

                              de misas por él.

Rocafort   Cumplióse   995

                              mi recelo. No eran vanos

                              de mi muerte los temores.

Sansón   Limosna para hacer bien

                              por el alma de este pobre.

(Llévale preso y sale don Gaspar.)

Don Gaspar   Aquí me dicen que está,   1000

                              señor.

Borja	Don Gaspar.
Don Gaspar	No corre
	tan veloz una estafeta
	como yo cumpliendo el orden
	que me diste. Llevé al César
	tu pliego; viole; otorgóte 1005
	la licencia que le pides
	de cumplir obligaciones
	de tu estado y retirarte
	a Gandía, pues tu noble
	padre faltó a sus vasallos, 1010
	y esta carta te responde.

(Dale la carta.)

Borja	Estimo tu diligencia;
	pues parte luego, y dispónme
	la partida, que a Gandía
	me he de ir antes de la noche. 1015
Don Gaspar	Mi obediencia es tu mandato.

(Vase don Gaspar.)

Borja	Alma mía, si tan móvil
	y tan veloz es la vida,
	yo haré que en mis oblaciones,
	cuando se llegue la muerte, 1020
	halle quemadas las flores
	de mi loca vanidad.
	Yo haré que sus harpones,
	cuando a mí los asestare,

de suerte el tiro malogren, 1025
que solo maten un muerto
al mundo y sus ambiciones.
Mi Dios, si alcanzo de días
a la duquesa, no borres
el fervor con que voté 1030
entrar religioso adonde,
hollando el mundo, desista
de sus locas pretensiones.
Que al fin el tiempo corre,
y muere tanto el rico como el pobre. 1035

(Vanse y sale doña Leonor de Castro y Flora, dama con un espejo.)

Flora   Tócate, que estás hermosa.

Leonor   ¡Qué importa, Flora, si luego
en el tiempo como en fuego
es la beldad mariposa!
No hay tan presumida rosa 1040
que no llegue a marchitarse,
flor que no pueda secarse,
y en fin, beldad y hermosura
en perderse aquello dura
que tarda el fin en llegarse. 1045

Flora   Por lo menos mientras vive
florida la lozanía,
¿quién quitó la fantasía
del aliento que recibe?

Leonor   El tiempo que le apercibe, 1050
que sabe halagar el paso,
y con solo un leve caso

	pone una luz refulgente	
	desde el más lucido oriente	
	hasta el más funesto ocaso.	1055

Flora	Este espejo, sombra fiel,	
	te dirá si yo te engaño.	

| Leonor | Muestra. | |

(Mírase al espejo y túrbase.)

	¡Ay, Dios, qué desengaño!	
	Jesús, Jesús, ¡qué tropel	
	de confusiones me asaltan!	1060
	Mil ansias me sobresaltan.	

| Flora | Pues el cristal ¿qué te apunta? | |

Leonor	Flora, en él me vi difunta;	
	Jesús, los pulsos me faltan.	

Flora	¿Con eso sales ahora?	1065
	No creas en ilusiones.	

Leonor	Aquesas mismas razones	
	le dije yo a mi señora,	
	y vi que sus miedos, Flora,	
	cobraron verdad, de suerte	1070
	que estando robusta y fuerte,	
	en la mayor bizarría,	
	marchitó su lozanía	
	la amarillez de la muerte.	

| Flora | Extraños casados son | 1075 |

	don Francisco y la duquesa,	
	que el uno y otro profesa	
	traer siempre el corazón	
	con una vana opinión	
	de que su muerte es muy cierta.	1080
(Aparte.)	(Ojalá llegue a tu puerta,	
	que a mi pretensión altiva,	
	como el duque Borja viva,	
	le importa que tú estés muerta.)	
	Leonor, ese es convidarla	1085

| Leonor | Flora, no es sino temerla. | |

| Flora | No es eso sino quererla. | |

| Leonor | No es esto sino esperarla. | |

| Flora | Podrá el tiempo dilatarla. | |

| Leonor | También podía conducirla. | 1090 |

| Flora | Suele a veces divertirla. | |

| Leonor | Y tal vez la apresuró. | |

| Flora | Alguno en verla tardó. | |

| Leonor | Pero nadie pudo huirla. | |

| Flora | Siempre lejos la he mirado. | 1095 |

| Leonor | Siempre de cerca la he visto. | |

| Flora | Yo su memoria resisto. | |

100

Leonor	Su memoria es mi cuidado.
Flora	Eso es a mí muy pesado.
Leonor	Y muy provechoso a mí. 1100
Flora	¿Por qué ha de atreverse a ti?
Leonor	Porque nací mortal yo.
Flora	Yo la burlo.
Leonor	Pues yo no.
Flora	No la temo.
Leonor	Pues yo sí. Lleva, Flora, ese cristal, 1105 que le he cobrado temores.
Flora (Vase.)	Pues llévole.
Leonor	¿Qué rigores hallé en su imagen fatal? Mi Dios, en un grave mal con que el duque mi señor 1110 llegó a perder el vigor, os ofrecí yo mi vida por la suya, ¿si es cumplida la hora? Fuerte pavor. Pero yo renuevo aquí 1115 mi oferta amorosa y fiel. la parca no toque a él,

y logre su arpón en mí.
Cúmplase en buen hora así;
llegue la parca atrevida   1120
a mí, sin ser su homicida,
y haga en mí su dura suerte,
que no hace al caso mi muerte,
e importa mucho su vida. (Vase.)

Fin de la segunda jornada

Jornada tercera

(Salen Borja y don Gaspar de camino.)

Borja	Ya, don Gaspar, a Dios gracias,
	el fin de nuestra venida
	se cumple, pues que de Roma
	la fábrica se divisa.

Don Gaspar	¿Y adónde vueselencia	5
	apearse determina?	

Borja	Aunque el pontífice sacro	
	en su palacio convida	
	mi indignidad con posada,	
	don Gaspar, ya es bien que os diga	10
	el fin a que Dios me trae	
	y el rumbo a que me destina,	
	con cargo de que guardéis	
	el secreto que se os fía.	
	Sabed que mi pretensión	15
	es huir de las mentiras	
	del mundo, de sus engaños,	
	de las pompas a que aspiran	
	con tantas ansias los hombres.	
	Desde que vide marchita	20
	de la hermosa emperatriz	
	la beldad y bizarría,	
	hice a Dios promesa y voto,	
	que si alcanzaba de días	
	a la duquesa mi esposa,	25
	luego al punto dejaría	
	el mar crespo de este mundo,	
	adonde tantos peligran,	

donde se salvan tan pocos,
donde entre las ondas grifas   30
de sus engaños naufragan
cuantos de sus fementidas
aguas quisieron sondar
la corriente fugitiva.
Murió mí esposa Leonor   35
de una enfermedad prolija;
dejó mi casa llorosa,
solos sus hijos e hijas,
sin compañía mi viudez,
y sin consuelo a Gandía.   40
Traté de la ejecución
de mí intento. Dios me inspira
que la religión, que quiere
que elija es la Compañía
de Jesús, a donde Ignacio,   45
que largas edades viva,
ennobleciendo a Cantabria,
a nuestra España autoriza.
Escribíle, respondióme
con favores y caricias;   50
alcanzo dispensación
para que profese y viva
en mi estado algunos años,
por ver que así lo pedía
de mi obligación forzosa   55
la disposición precisa.
Vime ya desahogado;
vengo a Roma; en mi partida
dejo por gobernador
a don Carlos, Dios permita   60
hacerlo duque cristiano.
Ahora, amigo, por mi vida,

habéis de tomar trabajo
de partiros, porque insta
a ver al emperador   65
con aquestas letras mías,
donde le pido licencia
de renunciar a Gandía
y mis estados en Carlos,
y después que esté obtenida,   70
me la llevaréis a Oñate,
donde Ignacio determina
que tenga mi noviciado.

Don Gaspar   Mi obediencia solicita
                obedecer tu mandato,   75
                cuya ejecución me obliga
                a que me calce de plumas.

(Vase.)

Borja   El cielo sea vuestra guía.
                Náufrago pensamiento,
                que conducto a solas   75
                a tormentosas olas
                del proceloso viento,
                entre borrascas subes
                a acreditarte pájaro en las nubes.
                Si el mar se vuelve adentro,   80
                cortado y dividido,
                bajel serás hundido
                a quien sepulte el centro,
                donde nadando apenas
                surques, más que las aguas, las arenas. 85
                Si es nave el devaneo
                que habita ardiente esfera,

sus jarcias son de cera,
y al subir el deseo
será Faetón volcado   90
quien Ícaro subió tan emplumado.
Si es bajel la hermosura,
de ricas banderolas,
abordo está en las olas
su misma sepultura,   95
pues va, si se derrumba,
peinando el mar un dedo de su tumba.
Pues, pensamiento mío,
recoge ya las velas,
no sea, si libre vuelas,   100
que encuentres un bajío,
y seas en el abismo
el escarmiento solo de ti mismo.
Oh, navega de suerte
que el mar vayas cortando   105
y siempre contemplando
los surcos de la muerte,
pues cuando al mar te entregas,
ella sea cerca cuanto tú navegas.

(Vase.)

(Sale san Ignacio de Loyola, el rector de Oñate y el hermano Marcos.)

Ignacio   Hoy entra el duque en Roma,   110
               y toda la sagrada corte toma
               por asunto en su intento
               hacerle general recibimiento.

Rector   Son los aplausos tales
               que fue el Colegio de los Cardenales   115

fuera de la ciudad a recibirle.
Y el pontífice sacro envió a decirle
que luego que llegase
en su palacio mismo se hospedase,
pero él, con humildad y cortesía,   120
respondió que era ya la Compañía
la morada y el nido
que buscando hasta Roma había venido.

Ignacio   Confieso que me humilla
ver de esta suerte un grande de Castilla   125
dejar tantas grandezas,
renunciar las riquezas,
burlar la pompa vana,
la vanidad tirana,
dejar cargos y oficios,   130
abatiéndose a humildes ejercicios,
amortajarse en vida de su grado,
quien hecho estaba a desflorar brocado,
obedecer cual súbdito rendido,
quien siempre cual señor era servido.   135
No viene tanto, padres, a estimarse
que el que humilde nació sepa humillarse,
que como no gozó silla encumbrada,
aunque se abata más, no baja nada;
mas quien obtuvo tronos en el mundo,   140
que los trueque en el puesto más profundo,
viniendo su humildad a la vileza,
tiene más que bajar en su grandeza.

Hermano Marcos   Padre, Borja ha llegado
sin poderlo sentir nuestro cuidado.   145

(Sale Borja, don Juan su hijo y Sansón.)

Borja (De rodillas.)	Ignacio, a quien venero como a prelado, y a tus pies, espero tu bendición.
Ignacio	Levante vueselencia.
Borja	Ya, padre, para mí no hay excelencia más que ser hijo tuyo. 150
Ignacio	Pues como a tal a vueselencia arguyo que será inobedencia estar arrodillado en mi presencia. Traslade ya a los brazos en mutua caridad estrechos lazos. 155
Borja	Que será, padre mío, indisoluble el lazo en Dios, confío.
Don Juan	También yo, padre, pido que me deis vuestra mano.
Borja	Aquí he traído a mi hijo don Juan por compañero. 160
Ignacio	Don Juan, en Dios espero que oirá mis peticiones coronándoos de largas bendiciones.
Sansón	Padre, también mi afecto solicita que le dé a este lacayo la bendita 165 mano a besarla.
Ignacio	Dios os haga bueno.

108

| Sansón | Aunque de serlo estaba tan ajeno,
mas, alumbrado con tu luz y rayos,
protobueno seré de los lacayos,
pues si ninguno ha habido, considero
que si en ser bueno doy, seré el primero. | 170 |

| Ignacio | ¿Y a qué tu llamamiento se destina? | |

| Sansón | Yo me inclino a servir en la cocina
o en la despensa, porque soy muy dado
a la santa humildad, Dios sea loado,
o en ejercicios santos y divinos
el oficio tendré de catavinos. | 175 |

| Ignacio | Vueselencia se siente
y en suma de esta vocación me cuente
el origen y causa de este empleo
que de saberla tengo gran deseo. | 180 |

(Siéntase.)

| Borja | Obedecerte, padre,
es justo que a tu súbdito le cuadre.
Navegaba en la corte mar bonanza,
viento en popa el bajel de mi esperanza,
tranquilidad infausta en su presagio,
que parece bonanza y es naufragio.
En este tiempo mismo
surcaba el propio lisonjero abismo
nave majestuosa,
tan rica y adornada como hermosa,
la emperatriz, con tanta bizarría,
que lisonja del tiempo parecía. | 185

190 |

Era su compostura
el esmero mayor de la hermosura,   195
las maderas costeras nieve y plata,
los paveses de grana y escarlata,
tocado y martinetes,
trémulos la formaban gallardetes,
sesga las ondas, peina,   200
como nave, que, al fin, del mundo es reina,
y en sus sacros blasones
del mundo se bebió las atenciones.
Estando surto el viento a su paseo,
gozando su cristal dulce escarceo,   205
de repente las aguas se turbaron,
las olas se escamaron,
ya grifas se encapillan, ya deshechas,
el tiempo las rompió marinas brechas
con mortal accidente,   210
herido el cuerpo, el pulso intercadente,
y de una fiebre rígidos influjos,
avivando los flujos y reflujos,
crecientes y menguantes,
con hervores tronantes   215
que incendio ardiente fulminó en su fragua,
la muerte atropelló montañas de agua.
Perdió la nave el rumbo,
alijóse de carga y de balumbo,
pues desnudando gala y lozanía   220
como nave alijada parecía.
Clamaba, entre el turbión confuso y ciego:
«Que me anego en el golfo, que me anego.»
Perdió la medicina su destino,
formó la calentura un remolino   225
que entre giros y esguazos
el hermoso bajel hizo pedazos,

sepultando en sus olas
árbol, paveses, jarcia y banderolas,
quedando su hermosura en este trueque   230
desmenuzada de la popa al beque
y de la cortupción a las riberas,
astilladas en piezas las maderas,
pues por más que era fuerte,
la estrelló en un ribazo de la muerte.   235
Murió la emperatriz, y en tanto ruido,
dio un vaivén mi bajel al estallido,
no sé si fue temor o si fue pena,
mas escarmiento fue en cabeza ajena.
Quedaron sobre aguados   240
los cascos destrozados:
mandóme Carlos V sepultarlos,
y en túmulo decente colocarlos.
Llevélos a Granada,
y vide al entregarlos tan mudada   245
aquella cara hermosa,
que era ceniza la que puse rosa.
Vi su aliento deshecho,
y un vuelco de repente me dio el pecho;
a donde Dios me inflama,   250
y me alumbra a su llama
con un conocimiento
que el mundo todo es viento,
que todo al fin expira,
que la pompa es mentira,   255
y aunque ofrezca sufragios,
es mar traidor y ciertos sus naufragios.
Allí a mi Dios me vuelvo,
y con protesta y voto me resuelvo,
que alcanzado de días a la duquesa,   260
con la posible priesa

en una religión me encerraría.
Por mi dicha escogí tu Compañía;
cual sabes he enviudado,
del piélago del mundo me he escapado.   265
Mi discurso se cierra
buscando puerto, y descubriendo tierra;
la tierra me ha de dar la sepultura,
la Compañía el puerto me asegura:
bajel soy del naufragio escarmentado,   270
que a tu casa he llegado.
Ignacio, Ignacio, un pecador recibe,
que quiere el cielo que a tu puerto arribe.

Ignacio   Otra vez vueselencia ha de abrazarme.

Borja   Y a mí, padre, licencia has de otorgarme   275
para besar el pie al sacro vicario
de Cristo.

Ignacio   Es un respeto necesario.

Borja   En breve he de cumplir obligaciones
que me embargan, pasar las probaciones
que usa la Compañía,   280
que ya se me hace un siglo cada día.

Ignacio   Que con el padre maestro de novicios
que está presente, tendrá los ejercicios
en Oñate, le he escrito a vueselencia.

Borja   Con temor le he mirado, y reverencia.   285

Sansón   Voto a tal que parece recoleto.

Borja	Cualquier prelado da interior respeto.

Sansón	Yo, padre, que también soy medio esquife,
	que me descalabré en un arrecife,
	pretendo ser novicio y religioso
	huyendo del abismo proceloso.

290

Ignacio	Entrad en probación porque veamos
	si a propósito sois.

Borja	Pues, padre, vamos.

(Vanse todos y queda Sansón solo.)

Sansón	No lo dije por tanto.
	¿Quién vio ningún lacayo dar en santo?
	¿He de poder sufrir yo la molestia
	de traer siempre los ojos con modestia
	en el suelo fijados,
	los pasos muy mirlados,
	los labios muy fruncidos,
	los brazos recogidos,
	el semblante del rostro medio absorto,
	el bonete derecho, el collo torto
	y lo que más me aflige, me sentencio
	a lo que no pensé, a guardar silencio?
	¿Yo callar? ¡Qué terrible
	congoja! Vive Dios, que es imposible,
	mas probaré el camino, y si no es ancho,
	Sansón, y llevadero, zafarrancho.
	Adiós, mundillo mío;
	adiós, libre albedrío;
	adiós, taberna; adiós, tragos franchotes;
	adiós, capa; adiós, gorra; adiós, bigotes.

295

300

305

310

(Vase.)

(Sale el emperador y Felipe II.)

Carlos   Salíos todos allá fuera;
                               sentaos ahora, Felipe.   315
                               Cubríos.

(Cúbrese y siéntase.)

Felipe (Aparte.)   Todos son misterios
                               cuantos el César conmigo
                               ha mostrado aquestos días.

Carlos   Bien sabéis, amado hijo   320
                               (guárdeos Dios felices años)
                               lo que siempre os he querido.

Felipe   Siempre vuestra Majestad
                               con amor y beneficios
                               ha mostrado ser mi padre.   325

Carlos   Bien me lo habéis merecido,
                               que vuestras prendas me roban
                               de modo que os certifico
                               que aunque mi hijo dichoso
                               no fuerais, fuera lo mismo.   330
                               Ahora os tengo de dar
                               de mi amor último indicio
                               en lo que pretendo hacer
                               y de que secreto os pido.
                               Hasta que la coyuntura   335
                               ejecute mis designios,

y esto que quiero trataros,
sé que a ninguno lo he dicho
sino es a Borja, a quien siempre
tuve y traté como amigo,   340
y porque en él conocí
tan iguales a los míos
los deseos que los dos,
como en el cielo confío,
hemos de burlar al mundo,   345
y hollar su esplendor altivo,
que al fin todo es vanidad,
todo un ciego laberinto,
gusto con muchas zozobras,
golfo con muchos bajíos,   350
lustre con muchos quebrantos,
vida con muchos martirios,
honra con muchas pensiones,
quietud con mucho peligro,
sueño con mucho desvelo,   355
gloria con mucho fastidio,
paz con mucho sobresalto,
bocado con mucho grito.
Yo me siento muy cansado
con el quebranto prolijo   360
de un gobierno tan cargoso,
de tan ásperos caminos,
de tantas navegaciones,
tanto ejercitar los filos
de la espada en las batallas,   365
ya sufriendo del estío
los encendidos bochornos,
ya pasando sin abrigo
más que de solas las armas,
en las campañas los fríos,   370

secando en el cuerpo al Sol,
y a los vientos los vestidos
que en las lluvias tormentosas
se mojaron; mas deciros
de mi vida los trabajos   375
en período sucinto,
fuera abreviar en un punto,
y reducir a un guarismo
los átomos que en el aire
forma el Sol; los areniscos   380
granos que arrambla en su playa
el salobre y fugitivo
elemento, por ser tantos,
que yo, que yo estoy ambiguo
si los crea, pues sobrepujan   385
casi en exceso infinito
la capacidad de un hombre.
Ya me confieso rendido,
ya, hijo, no puedo más,
ya con el quebranto gimo,   390
ya con el imperio lucho,
ya con la vida peligro,
ya en los cuidados naufrago,
ya en su inconstancia vacilo,
ya tengo el agua a la boca,   395
y, en fin, ya tengo los bríos
tan marchitos, tan exhaustos,
tan prostrados, tan carpidos,
que con no pasar mis años
de solos cincuenta y cinco,   400
(breve espacio a tantas glorias,
corto tiempo a tantos giros,
chica cifra a tanta empresa,
poco espejo a tanto viso,

leve edad a tanta hazaña,   405
débil vaso a tanto abismo),
estoy como si cerraran
mis años vejez de un siglo.
Por tanto, Felipe amado,
salir del mar determino;   410
sacudir de mí la carga,
y seguir desnudo a Cristo,
renunciando la corona
con cuyo peso me oprimo,
a vuestras dichosas sienes,   415
que la gocen muchos siglos.
A Yuste he de recogerme
a llorar lo que he vivido
enfrascado en vanidades
y olvidado de mí mismo.   420
Allí prevendré a la muerte
los últimos paroxismos;
allí en ejercicios santos
cual fénix haré mi nido,
confeccionando de aromas   425
la tumba a que ya camino.
De esta suerte me aseguro,
burlo al mundo, al cielo aspiro,
la corona honro con vos,
yo del quebranto me eximo,   430
y en fin, con lo que desprecio
a mí y a vos autorizo.

Felipe   Sacra imperial Majestad,
                a cuyas plantas rendido,
                de mi amor hago oblaciones,   435
                de mi afecto sacrificios,
                ¿por qué nos queréis dejar?

¿Por qué, señor, queréis iros,
privando el imperio todo
de vuestro influjo divino,   440
quitando a mi juventud
vuestro soberano arrimo?
¿Por qué anticipa su ocaso
vuestro Sol a este retiro,
dejando el reino en tinieblas?   445
¿Por qué os mostráis tan esquivo
con los vuestros, mi señor?
¿Tan mal os hemos servido
que siquiera no alcanzaran
por premio nuestros servicios   450
en esta postrera edad
vuestra protección y abrigo?
Mi pecho condenaréis
a unos perpetuos suspiros,
mis ojos a un llanto eterno,   455
viendo que no he merecido
servir vuestra ancianidad
como criado, o como hijo
que tan de veras os ama.
Ya me dejó a los principios   460
la emperatriz mi señora;
que está en el cielo, bien niño,
y ahora, señor, ¿queréis
faltarme vos? Si ha valido
algo con vos ella y yo,   465
por ella y por mí os suplico
que revoquéis, si es posible,
este enojoso destino.
También serviréis a Dios
manejando el cetro impíreo   470
que Él os puso por cayado

para regir sus apriscos.

Carlos   Filipo, en vano os cansáis;
                     ya yo lo tengo bien visto.

Felipe   Por lo menos es crueldad   475
                     que queriendo sacudiros
                     de una carga tan pesada,
                     la echéis a los hombros míos,
                     que si vos no le bastáis,
                     menos yo.

Carlos   De vos confío   480
                     que habéis de ser muy buen rey,
                     y que el reino agradecido
                     me ha de echar mil bendiciones,
                     pues en vos les anticipo
                     la dicha de tal monarca.   485
(Aparte.)   En vano el dolor resisto.

Felipe   Resistir no puedo el llanto.

Carlos   Todo el aliento he perdido.

Felipe   El corazón me ha faltado,

Carlos   Turbado se han los sentidos.   490

Felipe   Ámole como a mi padre.

Carlos   Quiérole como a mi hijo.

Felipe   Siento en el alma el perderle.

Carlos   Dejarle siento infinito.

(Entra un paje.)

Felipe	Don Gaspar de Villalonio,	495
	criado de Borja, ha venido,	
	y dice que quiere hablarte.	

Carlos	Decid que entre, que recibo	
	gusto en las cosas del duque	
	a quien en el alma estimo.	500

(Sale don Gaspar.)

| Don Gaspar | Dame tus cesáreas plantas, | |
| | del mundo monarca invicto. | |

| Carlos | Alzad del suelo y decidme | |
| | cómo queda don Francisco. | |

Don Gaspar	En Roma, señor, ha estado	505
	con ocasión del santísimo	
	jubileo que Julio Tercio	
	a la Iglesia ha concedido.	

| Carlos | ¿Cómo le va en sus estados | |
| | después que enviudó? | |

Don Gaspar	Imagino	510
	que es en el mundo notoria	
	su santidad.	

| Carlos | Ya he sabido | |
| | que profesa en las grandezas | |

religiosos ejercicios.

Don Gaspar	Según lo que yo barrunto	515
	el duque Borja ha salido	
	con fin de no volver más	
	a su estado, pues ha escrito	
	aquésta a tu Majestad,	
	pidiéndote que benigno	520
	le otorgues grata licencia	
	de renunciarlo en su hijo.	
	Pienso que en la Compañía	
	de Jesús elección hizo	
	para entrarse religioso.	525

Carlos (Aparte.)	Primero que yo ha cumplido	
	lo que me dijo en Monzón,	
	cuando las cortes tuvimos,	
	que allí me mostró el deseo	
	de aquel impulso divino	530
	que a la religión le lleva,	
	y allí le dije que el mismo	
	era mi intento. Ya el cielo	
	sus peticiones ha oído,	
	y a mí me da en sus ejemplos	535
	estímulos de seguirlo.	

Don Gaspar	Ya vendrá de vuelta a Oñate	
	a donde, según me dijo,	
	va a tener el noviciado	
	y primeros ejercicios.	540

| Carlos | Vamos, y os daré respuesta. | |

| Felipe | El duque a tiempo ha sabido | |

	buscar el puerto seguro.	
Carlos	Bien sabe Dios que lo envidio.	

(Vanse y sale Flora.)

Flora	Desde la corte romana	545
	dicen que a Oñate ha venido	
	Borja, donde me ha traído	
	su condición inhumana.	
	Vive el cielo que ha de ver	
	lo que puede una osadía,	550
	y si vence la porfía	
	de una constante mujer.	
	¿Si es de Borja aquel papel,	
	o si hay en aquesto engaño?	
	Mucho temo un desengaño,	555
	pero yo lo sabré de él.	
	Mi afición está dudosa	
	entre esperanza y desdén,	
	si atrevida alcanza el bien,	
	o le pierde temerosa.	560
	juzga por atrevimiento	
	emprender un imposible,	
	y ya haciéndole posible	
	no recela un escarmiento.	
	Con todo si confiada	565
	tal vez le quiere alcanzar,	
	se oprime por no pasar	
	vergüenzas de escarmentada.	
	Y viene a ser que en su trato	
	hace disimulación,	570
	lo que en callar la pasión	
	es más temor que recato.	

Ni es este mal muy penoso,
que el bien, aunque no alcanzado,
tanto tiene de esperado   575
cuanto tarda en ser dudoso.
Por esto no he dejar
ni el esperar, ni el temer,
que si hay peligro en perder,
hay esperanza en dudar.   580

(Sale Belisa disfrazada de paje.)

Belisa   ¿A qué habrá venido a Oñate
                  Borja? Bien saben los cielos
                  que me asaltan mil recelos
                  hasta que él me los desate.
                  Fluctuando, mi deseo   585
                  teme si engañarse pudo,
                  que hay alivio en lo que dudo,
                  y peligro en lo que veo.
                  No acierto a poner en fiel
                  su constancia y mi inquietud,   590
                  que me niega su virtud
                  lo que me dice el papel.
                  Con todo escoge mi amor
                  más confiar que temer,
                  porque me inclino a creer   595
                  lo que me ha de estar mejor.
                  Cuando ambigua la razón
                  en dudas viene a perderse,
                  es porque quiere ponerse
                  de parte de la opinión.   600
                  Luego si los fines muda
                  de temor, en confianza
                  le da tanto a la esperanza

cuando le niega a la duda.
Según esto, es sinrazón   605
irme tras un desengaño,
que le dé más fuerza al daño
y enflaquezca la ambición.
Pues más quiero confïando,
y a mi esperanza creyendo,   610
vivir siempre apeteciendo
que morir desesperando.

Flora   Ésta es mi competidora.

Belisa   Mi opositora es aquésta.

Flora   Creo que sin fruto se resta.   615

Belisa   Pienso que en vano se azora.

Flora   Oye, paje.

Belisa   Oye, señora.

Flora   Que mude intento le ruego.

Belisa   Que le mude, desde luego,
                le pido por quien adora.   620

Flora   Busque otro blanco a sus flechas,
                o al rostro le tornarán.

Belisa   Mude el suyo, o volverán
                a quien las tira derechas.

Flora   Yo sé que prenden las mías.   625

Belisa	Yo sé que las mías prenden; sé que mis ansías se atienden.
Flora	Sé que se oyen mis porfías.
Belisa	Mas con todo no desista su ambición de pretender, 630 que es la gloria del vencer lo mejor de la conquista. En ver mi suerte lograda, no me creeré tan dichosa como después de celosa, 635 verla corrida y burlada.
Flora	Ni de mí tan estimada ha de ser la posesión, como ver su pretensión burlada y desengañada. 640
Belisa	Pues venza quien más pudiere.
Flora	Triunfe quien más alcanzare.
Belisa	La palma a quien la ganare.
Flora	La victoria a quien venciere.
Belisa (Aparte.)	Fuera menos confiada 645 ésta, si mi papel viera.
Flora (Aparte.)	Si ésta mi papel leyera fuera más desesperada.

(Sale Sansón con sotana parda de novicio y una vinajera.)

Sansón   Vos sois el rector de Oñate,
a mí se me acaba el juicio   650
con que le mande a un novicio
semejante disparate.
¿Que un rector no considera
que en traer agua me hago rajas
a llenar cinco tinajas   655
con sola una vinajera?
Como quiera me embaraza
el puesto, a que voy por ella,
pues que tengo de traella
de la pila de la plaza.   660
Pues no menos que el rector
el cocinero examina,
pues le barro la cocina,
y es la escoba un asador.
Mucho ejercita a un cristiano   665
esta santa religión;
paciencia, hermano Sansón,
que a esto obliga el ser hermano.

Belisa   Éste es Sansón, el criado
de Borja.

Flora   Sansón es éste.   670

Belisa   Quien dijera que en aquéste
cupiera tan santo estado.

Flora   Hablarle me determino
a Sansón.

Belisa	Sansón.
Sansón	Deo gracias
	líbreme Dios de falacias. 675
	El espíritu divino
	os acompañe, señoras.
	¿Qué mandáis?
Belisa	¿A qué ha venido
	Borja a Oñate?
Flora	Di, ¿qué ha sido? 680
Sansón	¿Eso os da pena a estas horas?
	A ganar un jubileo.
Belisa	Pues ¿cómo este traje tienes?
Sansón	¿Cómo? ¿Aqueso a dudar vienes?
	Vistiéndolo.
Belisa	Yo lo creo. 685
Flora	¿Dónde vas?
Sansón	Voy muy de prisa.
Belisa	¿Para qué es la vinajera?
Sansón	Para el cura que me espera
	y voy a ayudarle a misa.
Belisa	Pues dime ¿qué hay en aquello? 690

Flora	¿Qué hay en aquello, Sansón?
Sansón	¡Qué desedificación! Venid mañana a sabello.
Belisa	¿A dónde?
Sansón	A la portería.
Belisa	No me engañes. 695
Sansón	No te engaño.
(Vase.)	
Flora	Veré si es cierto mi daño.
Belisa	Yo, si vence mi porfía.

(Vanse. Salen el recot y Borja y el hermano Marcos y don Juan.)

Rector	Pues vueselencia ha venido, señor, para ejercitarse 700 en probación de humildad, el hermano Marcos sabe el ejercicio en que Dios ahora quiere ocuparle. Él sabe que me enternezco 705 de ver de esta suerte un grande, sujeto a mi ordenación, siendo su sacro linaje
(Vase.)	tanto superior al mío.
Borja	El hermano Marcos mande, 710

128

	porque será obedecido
	de este pecador.
Marcos	Aguarde
	vueselencia, y le traeré
	una espuerta con que cargue
	arena para la obra 715
	que en el colegio se hace.

(Vase.)

Borja	Soy contento del oficio.
Don Juan	Señor duque, amado padre,
	¿es posible que se olvida
	vueselencia de su sangre, 720
	que venga a una ocupación
	que tuviera por ultraje
	admitirla un azacán?
	Casi imposible se hace.
	¡Cómo! ¿A un duque de Gandía 725
	de casa real, de partes
	tan célebres en el mundo
	como el mismo mundo sabe?
	¡Que a un virrey de Cataluña,
	marqués de Lombay, encarguen 730
	que en una espuerta a la obra
	ministre los materiales!
	No lo permita, señor,
	vuestra grandeza; no apague
	la luz de su casa ilustre. 735
Borja	No tenéis razón, mi ángel,
	que nunca más grande he sido

que en aquestas humildades.
Decidme, ¿el Verbo no era
Hijo del Eterno Padre,   740
no era tan Dios como Él,
no era su gloria y su imagen?
¿No era grande, no era rico?
Pues ¿cómo quiso humillarse
a servir a un carpintero,   745
a nacer de pobre madre,
ser juzgado como reo,
burlado en los tribunales,
vendido del traidor Judas
por solos treinta reales?   750
Y lo que asombra los cielos,
lo que estremece los ángeles,
hace temblar los querubes,
y temer las potestades,
quiso ponerse en la horca,   755
con el suplicio más grave,
la muerte más afrentosa,
que el mundo ha visto ni sabe.
Pues si un Dios tanto se humilla,
mucho gana en humillarse   760
un descendiente de reyes,
y el mismo rey que bajase.
Antes en el ministerio,
don Juan, habéis de ayudarme
en tener capa y sombrero   765
y espada: no me embaracen
para llevar con presteza
la arena, que ya me trae
la espuerta el hermano Marcos.

Don Juan   Señor, no es justo estorbarte   770 tan santas inspiraciones.

(Sale el hermano Marcos.)

Marcos	Aunque es la espuerta algo grande,	
	no la llene vueselencia,	
	que solo es para adiestrarle	
	en abatimientos propios.	775

Borja	Recibo espuerta y mensaje	
	como si de Dios viniera	
	y es cierto que de Dios sale,	
	pues es suya la obediencia.	

Marcos	Adiós, pues, que se hace tarde.	780

(Vase el hermano Marcos.)

Borja	Adiós, que voy a la obra.

(Vase.)

Don Juan	¿Quién hay que esto no le espante?	
	¡Oh prodigio, oh asombro, oh pasmo	
	de humildad! ¡Oh, lo que vale	
	un desengaño en un alma!	785
	Llorando voy a mirarle	
	convertido en un peón	
	de marqués y duque y grande.	

(Vase y sale Sansón.)

Sansón	Que venga un hombre de bien	
	con esto por esas calles,	790

hecho blanco de muchachos,
que no me falta un adarme
para tirarles yo piedras
y dar con el juicio al traste.
Válgate Dios por rector,   795
que aquesto se le encajase
en el capricho. ¿No fuera
mejor y más importante
hacerme con una espuerta
servir estos azacanes   800
que están haciendo la obra?

(Sale Borja cargado con la espuerta de tierra.)

Borja   Mi Dios, ¡qué bien colocaste
                 la tierra sobre la tierra!
                 Si yo en polvo he de tornarme
                 no me humilla mucho, siendo   805
                 polvo yo, tierra portátil,
                 Ni es mucho que lleve un hijo
                 en los hombros a su madre.
                 Desnudo de ella salí,
                 desnudo en ella he de entrarme.   810
                 Mi tumba llevo en mí mismo
                 y en ella mi origen frágil,
                 y ojalá que esta memoria
                 nunca de mí se apartase.

Sansón   Señor, señor de mi vida,   815
                 ¡tú de esta suerte!

Borja   No extrañes
                 que quien merece un infierno
                 lleve pesos tan süaves;

	prosigue en tu ministerio,	
	que yo hago el que me cabe.	820
Sansón	Pues voy con mi vinajera,	
	y espero en Dios de llenarles	
	la medida a las tinajas	
	hasta los mismos brocales	
	dentro de doscientos años;	825
(Vase.)	supla Dios los que faltare.	

(De rodillas Borja.)

Borja	Señor, mi pecho estimara	
	daros más, si más tuviera,	
	porque mil mundos os diera	
	si yo mil mundos gozara:	830
	y nunca a pagar llegara	
	lo que vos me dais, mi Dios,	
	que en el trato de los dos	
	nada, Señor, os he dado,	
	pues os di solo un ducado,	835
	cuando un reino me dais vos.	

(Descuélgase de una nube una mitra pontifical sobre su cabeza y por una tramoya con música baja al aire un paraninfo.)

Paraninfo	Por eso poco que has dado,	
	Borja, quiere Dios pagarte	
	desde este mundo con darte	
	el sumo pontificado.	840
Borja	Eso no, que es muy pesado	
	y muy flaca mi persona;	
	mi indignidad no lo abona;	

no lo sufre mi bajeza;
y, en fin, no tengo cabeza   845
para tan grande corona.

Paraninfo   El cielo te hace el presente.

Borja   Pues yo el presente no admito.

Paraninfo   Tu dignidad solicito.

Borja   La humildad no lo consiente,   850
que presume de valiente
quien las honras apetece.

Paraninfo   Pues ¿quién a ti te enflaquece?

Borja   Mi propio conocimiento.
Déle Dios aquese asiento   855
a quien mejor le merece.
Huyendo me vine aquí
de las honras y concluyo
que si admito lo que huyo,
se reirá el mundo de mí.   860
Siempre los solios temí
que ocasionan vanidad,
y si he de decir verdad,
llego de suerte a afligirme,
que quisiera más morirme   865
que verme con dignidad.
Es terrible una grandeza
a quien es de fuerzas falto;
que a un ángel, viéndose en alto,
se le anduvo la cabeza.   870
A Adán le turbó la alteza

porque se vido ascender;
yo más fuerte no he ser,
y mejor me está advertir,
que si no llego a subir, 875
no tendré de 'onde caer.
Estoy muy escarmentado
de ver el fausto en que para,
desde que le vio la cara
a la muerte mi cuidado. 880
La pompa no tiene estado,
corre más veloz que el viento,
y es osado pensamiento
sujetarme en tanto daño
o a la fuerza de un engaño, 885
o al rigor de otro escarmiento.

Paraninfo   Tu humildad a los cielos
                   pasma, Francisco.
                   Y a tus glorias y triunfos
                   cantan el vítor. 890

(Canta la música esto mismo y desaparece todo.)

Borja   Válgame Dios, ¿si he tardado
                   con la oración divertido,
                   en haber presto cumplido
                   lo que me han encomendado?
                   Perdone Dios, si he faltado, 895
                   mi descuido y negligencia:
                   vamos a hacer la obediencia.
                   Tierra, que de cargas dos,
                   muchos menos pesáis vos
                   que el cargo y la preeminencia. 900

(Al irse le sale al encuentro don Gaspar.)

Don Gaspar   ¡Señor!

Borja   ¿Qué es?

Don Gaspar   Pues vueselencia.

Borja   Dejad eso. ¿Habéis traído
la licencia que he pedido
al César?

Don Gaspar   Ya la licencia
está aquí.   905

Borja   Tened paciencia,
y llamad luego al momento
quien me escriba un testamento.
Señor, ya puedo dejar
mi estado a Carlos y entrar   910
(Vase.)   en mi dulce encerramiento.

Don Gaspar   Quién no se enternece viendo
un príncipe soberano
que a la pompa da de mano,
y una obra está sirviendo;   915
en él se está conociendo
lo poco que el mundo es,
la nada que es su interés,
pues Borja en tanta bajeza
pone el polvo en la cabeza   920
y la grandeza a los pies.

(Vase y sale Sansón con unos anteojos de caballo.)

Sansón	Jesús, Jesús ¡qué pesar!
	Lleve el diablo los anteojos.
	¿Para qué tenemos ojos
	si no habemos de mirar? 925
	¿Que cómo si fuera alzallos,
	con modestias o inmodestias,
	acción de solas las bestias
	nos conviertan en caballos?
	Ello es que ya me condeno 930
	de un caballo a las libreas:
	si ando mucho, a unas maneas,
	y si hablo un poco, a un freno.
	Hay tal mortificación,
	válgame Dios, donde voy. 935
	¿Quién me dirá dónde estoy?

(Salen Flora y Belisa juntas.)

Flora	Aquí está.
Belisa	Sansón.
Flora	Sansón.
Sansón	Dios les dé lo que desean.
Belisa	Aquí veré si te ufanas.
Sansón	¿Qué mandan nuestras hermanas 940
	que tanto me sansonean?
Belisa	Tú para hoy nos citaste:
	sácanos de aqueste engaño.

Flora	Acaba ya el desengaño,	
	pues que tú nos enredaste.	945
Sansón	Quítenme aquestos anteojos	
	para poderlas hablar.	
Flora	Pues ¿quién te puede estorbar	
	quitártelos de los ojos?	
Sansón	No quitarlos me ordenaron	950
	y diré a quien lo mandó,	
	que no me los quité yo	
	sino que me los quitaron.	
Flora	Pues ya sin ellos estás.	

(Quítanle los anteojos.)

Sansón	Que ya sin ellos estoy,	955
	pues adiós.	
Belisa	¿Qué haces?	
Sansón	Me voy.	
Flora	¿Pues cómo? ¿No hay más?	
Sansón	No más.	
Belisa	Bueno está, por vida mía,	
	¿y Borja, ruin alcahuete?	
Sansón	¿Borja?	

Belisa	Sí.	
Sansón	Borja se mete	960
	padre de la Compañía.	
Flora	¿Cómo es eso? ¿Y el papel?	
Sansón	¿El papel? ¡Tú lo tendrás!	
Belisa	¿Y el mío?	
Sansón	Tendrás otro más.	
Belisa	¿Y lo que me escribe en él?	965
Sansón	Que se cumpla.	
Belisa	¿Cómo así?	
Sansón	¿Tiénesle ahí?	
Belisa	Aquí está.	
Sansón	Pues dame el papel acá.	

(Dale Belisa el papel.)

Sansón	¿Y tú traes el tuyo?	
Flora	Sí.	
Sansón	Dámelo acá y dime ahora,	970
(Dale Flora su papel.)	¿te casarás con su dueño?	

Flora	Aquese ha sido mi empeño.
Sansón	¿Y tú también?
Belisa	En buen hora.
Sansón (Destruécalos.) (Vase.)	Lleváis muy gentil aliño. Toma aquéste, y tú el que resta; y cásate tú con ésta y tú con aqueste niño.
Belisa	Yo este papel escribí.
Flora	Y yo escribí el que aquí tengo. ¿Que aquesta injuria no vengo?
Belisa	¿Que un loco me burle así? Ambas habemos corrido, amiga, aquí una fortuna.
Flora	Aunque es la suerte importuna en ella he de ver cumplido el deseo de conocerte. ¿Quién eres?
Belisa	Yo, la Hermosura.
Flora	¡Oh, qué dichosa ventura he tenido en poseerte, pues yo soy la Vanidad!
Belisa	¡Oh, quién lo hubiera sabido! A haberte antes conocido,

975

980

985

990

	profesara tu amistad.	
Flora	Yo a Borja quise en la corte	
	con blanduras atraerle.	995
Belisa	Yo emprendí desvanecerle	
	y lo estorbó su reporte.	
	Hermosura y Vanidad:	
	extremado casamiento.	
Flora	Van al menos a un intento	1000
	tu ambición y mi beldad.	
	Vamos, que soy muy gozosa.	
Belisa	Yo contigo muy ufana,	
	que está cerca de ser vana	
	la que sabe que es hermosa.	1005

(Vanse. Corren una cortina, aparece el santo de rodillas vestido en traje de la Compañía con un Cristo.)

Borja	Mi Dios, ya para aplacaros	
	me arrepiento de ofenderos,	
	y quisiera al fin temeros,	
	ya que no he sabido amaros.	
	Señor, dejad ablandaros,	1010
	no salga mi temor vano,	
	aunque sé que es muy villano	
	el con que a vos me volví;	
	pues solo fue porque os vi	
	con el azote en la mano.	1015
	En él muy blando anduvisteis,	
	pues cuando me amenazasteis	
	con alzarle os contentasteis	

y nunca el golpe me disteis.
Pero si vos recibisteis   1020
por mí cinco mil, mi Dios,
¿qué mucho, si de los dos
yo el azote no sentí,
que el amago se hizo a mí
y os dieron el golpe a vos?   1025
Tan libremente he triunfado,
tan sin castigo he vivido,
como si no hubiera habido
Dios que viese mi pecado;
y aun quizá hubiera dudado   1030
si le huía, más advertí
que antes perdonarme así
os acredita más Dios;
pues por serlo tanto en vos
no lo parecéis en mí.   1035
Lloren, pues, los ojos míos,
mis años tan mal vividos,
vivan siempre convertidos
en el caudal de los ríos;
ahoguen tantos desvaríos   1040
de tiempo tan mal pasado,
que en sus ondas engolfado
no recelo el anegarme,
que antes pretendo escaparme
en mi llanto mismo a nado.   1045

(Suena música y aparecen en dos bofetones un ángel y la Compañía.)

Ángel   Sagrada Compañía,
                 a quien el cielo ha dado
                 en términos tan breves
                 edad de muchos años,

de ver tus crecimientos   1050
el cielo está pasmado,
que apenas has nacido
del fervoroso Ignacio,
cuando ya por el mundo
de suerte has penetrado,   1055
que todos te conocen
desde el oriente a ocaso.
El pontífice sumo,
de la Iglesia vicario,
de Dios te hizo dedo,   1060
y de ella diestro brazo.
La mínima te nombras,
y más te acreditaron
tus mismas humildades,
teniendo ser tan alto.   1065
Un hijo de tu espíritu
en Borja has granjeado,
que en sí tan grande ha sido,
y en ti se humilla tanto.
En él tus descendientes   1070
tendrán un simulacro,
donde a humillarse aprendan
al más profundo estado.
En él tendrán del mundo
todos los potentados,   1075
de necias ambiciones
prudentes desengaños.
Será tu general,
hará tu nombre claro,
de España hasta las Indias   1080
tus hijos enviando.
Será tan prodigiosa
su vida y sus milagros,

que al fin ha de gozarle
la lista de los santos.   1085
El parabién recibe,
que el cielo me ha mandado
que de su parte traiga
a tus progresos claros.

Compañía   Celeste paraninfo,   1090
de cuyos dulces labios
mi indignidad recibe
favores tan sagrados,
al cielo le agradezco
las honras que me ha dado   1095
y sacras oblaciones
de sus mercedes hago.
Si el duque de Gandía,
huyendo de los faustos
del mundo, se ha acogido   1100
debajo de mi manto,
su lustre me ennoblece,
y con él me honro tanto,
que son mis pequeñeces,
con él, blasones sacros.   1105
Si desde España Borja
a México ha enviado
mis hijos, a él le debe
la gloria de gozarlos.
Y porque a Borja estimo   1110
con tan estrechos lazos
de amor, su conversión
a un príncipe consagro,
que en México ha querido
dar honra a mis teatros.   1115
A un duque le dedico

de un duque los extraños
prodigios, que en España
viven tan admirados.
Con un grande he querido,   1120
hoy, grande, celebraros,
y que un virrey a otro
ofrezca mis aplausos.
Si en este reino todos
su amor os han mostrado,   1125
mi amor os muestro yo
con cuanto soy y valgo.
Seáis tan bienvenido,
cual fuisteis deseado,
por Sol que al Nuevo Mundo   1130
difunde nuevos rayos.
Recibid mis deseos,
las faltas perdonando,
y aquí dan fin de Borja
los nobles desengaños.   1135

Fin

Dividieron las jornadas un entremés en negro y dos danzas de diez niños estudiantes de lo más noble de México, en quienes campeó tanto el lucimiento en las galas y riqueza en las joyas, como en el aire y destreza en las mudanzas y tejidos que se formaron en un bran, que fue la primera y en unas alcancías que jugaron en la segunda.

Rematóse toda la fiesta con un mitote o tocotín, danza majestuosa y grave, hecha a la usanza de los indios, entre diez y seis agraciados niños, tan vistosamente adornados con preciosas tilmas y trajes de lama de oro, cactles, o coturnos bordados de pedrería, copiles, o diademas sembradas de perlas y diamantes, quetzales de plumería verde sobre los hombros que sola esta danza y su lucimiento bastara por desempeño del festejo más prevenido. A lo sonoro de los ayacatztles dorados, que son unas curiosas calabacillas llenas de guijillas, que hacen un agradable sonido, y al son de los instrumentos músicos, tocaba un niño cantor, acompañado de otros en el mismo traje, en un ángulo del tablado, un teponaztle, instrumento de los indios para sus danzas, cantando él solo los compases del tocotín en aquestas coplas, repitiendo cada una la capilla, que en un retiro de celosías estaba oculta.

Coplas del tocotín

Salí, mexicanos,
bailá el tocotín,
que al Sol de Villena
tenéis en zenit.

Su sangre cesárea,   5
cual rojo matiz,
dorado epiciclo
rúbrica en carmín.

Con tanto planeta
seguros vivid,   10
de influjos eternos
en vuestro país.

Ahora comienza
a arder y lucir
la tórrida zona   15
de nieve hasta aquí.

De lunas constantes
podéis presumir,
si de Sol tan claro
siempre os embestís.   20

Si en densas tinieblas
de penas vivís,
sus rayos destierran
la noche servil.

Los tiempos traduce   25
su lumbre feliz,

invierno en verano,
agosto en abril.

En vuestra laguna
la rosa y jazmín   30
ya se acreditaron
de idalio pensil.

Las crespas alcobas
del lago sutil
son a sus aspectos   35
celeste zafir.

De vuestras campiñas
el verde tabí
da espigas de oro
poro tosco maíz.   40

Ya de cautiverios
exentos vivís,
que faltan egipcios
a tanto adalid.

Los mares bermejos,   45
de llanto infeliz,
os abrieron calles
por donde salir.

Bajeles volantes,
al cielo subid,   50
pues vuestros quetzales
de pluma vestís.

Salid, mexicanos,

       bailá el tocotín,
       que al Sol de Villena   55
       tenéis en zenit.

Mereció el lleno de esta fiesta la calificación que le dio el agrado de su excelencia, diciendo ser digna de que se hiciese a los ojos de su majestad en su
real corte.

Libros a la carta

A la carta es un servicio especializado para
empresas,
librerías,
bibliotecas,
editoriales
y centros de enseñanza;
y permite confeccionar libros que, por su formato y concepción, sirven a los propósitos más específicos de estas instituciones.

Las empresas nos encargan ediciones personalizadas para marketing editorial o para regalos institucionales. Y los interesados solicitan, a título personal, ediciones antiguas, o no disponibles en el mercado; y las acompañan con notas y comentarios críticos.

Las ediciones tienen como apoyo un libro de estilo con todo tipo de referencias sobre los criterios de tratamiento tipográfico aplicados a nuestros libros que puede ser consultado en Linkgua-ediciones.com.

Linkgua edita por encargo diferentes versiones de una misma obra con distintos tratamientos ortotipográficos (actualizaciones de carácter divulgativo de un clásico, o versiones estrictamente fieles a la edición original de referencia).

Este servicio de ediciones a la carta le permitirá, si usted se dedica a la enseñanza, tener una forma de hacer pública su interpretación de un texto y, sobre una versión digitalizada «base», usted podrá introducir interpretaciones del texto fuente. Es un tópico que los profesores denuncien en clase los desmanes de una edición, o vayan comentando errores de interpretación de un texto y esta es una solución útil a esa necesidad del mundo académico.

Asimismo publicamos de manera sistemática, en un mismo catálogo, tesis doctorales y actas de congresos académicos, que son distribuidas a través de nuestra Web.

El servicio de «libros a la carta» funciona de dos formas.

1. Tenemos un fondo de libros digitalizados que usted puede personalizar en tiradas de al menos cinco ejemplares. Estas personalizaciones pueden ser de todo tipo: añadir notas de clase para uso de un grupo de estudiantes, introducir logos corporativos para uso con fines de marketing empresarial, etc. etc.

2. Buscamos libros descatalogados de otras editoriales y los reeditamos en tiradas cortas a petición de un cliente.

www.ingramcontent.com/pod-product-compliance
Lightning Source LLC
La Vergne TN
LVHW091220080426
835509LV00009B/1082